Friedrich von Savigny

Ludwig Pernice Friedrich Karl von Savigny Friedrich Julius Stahl

Friedrich von Savigny

Ludwig Pernice Friedrich Karl von Savigny Friedrich Julius Stahl

ISBN/EAN: 9783743375628

Hergestellt in Europa, USA, Kanada, Australien, Japan

Cover: Foto ©ninafisch / pixelio.de

Manufactured and distributed by brebook publishing software (www.brebook.com)

Friedrich von Savigny

Ludwig Pernice Friedrich Karl von Savigny Friedrich Julius Stahl

Pernice. Savigny. Stahl.

Berlin.

Verlag und Druck von F. Heinicke.
(Deſſauerſtraße Nr. 5.)

1862.

Vorwort.

Das Jahr 1861 ist für die Geschicke der conserva=
tiven Partei in Preußen ein merkwürdig verhängniß=
volles gewesen. Einen Augenblick schien es so, als
wenn dem theuren Könige, welcher der Schutz und
Schirm dieser Partei gewesen war, seine treuesten
Anhänger in dem Zeitraume eines Jahres in das
Grab nachfolgen wollten. Den Anfang machten die
General=Adjutanten, Herr v. Gerlach an der Spitze;
es folgten die Heerführer auf dem Gebiete der Wissen=
schaft, der großen politischen Principien: Pernice,
Stahl, v. Savigny, deren Namen in Preußen,
in Deutschland, in Europa gleichbedeutend waren mit
der Sache des legitimen Rechts, des Königthums und
der darauf gegründeten Freiheit, und gegen welche
daher die Revolutionäre in allen Theilen der Welt
ein einstimmiges Anathema ausstießen.

Goethe soll über den Streit, ob er oder Schiller
der größere Dichter sei, sich höchst unwillig geäußert

und bemerkt haben: „das deutsche Volk möge froh sein, zwei solche Männer zu haben." Dieser Lehre folgend, wollen wir hier keine Untersuchung darüber anstellen, welcher von diesen drei großen Juristen und Staatsmännern der größere gewesen. Alle drei hatten ihre besondere Art der Begabung, bei allen waren es verschiedene Eigenschaften, welche ihre große Bedeutung für die Wissenschaft und für das öffent= liche Leben begründet haben.

So war zunächst Savigny Jurist im strengsten Sinne des Wortes, und durch Scharfsinn, genialen Ueberblick über den umfangreichen Rechtsstoff und in= sonderheit durch die unübertreffliche Klarheit der Dar= stellung nach unserem Dafürhalten der größte Jurist, den die Welt seit den Tagen des Papinian und Paulus gesehen hat. Aber Savigny verstand es, wie alle wahrhaft großen Männer, sich zu beschränken. Wennschon er als Stifter und Haupt jener histori= schen Rechtsschule, welche sich die Aufgabe gestellt hatte, das positive und geschichtlich überkommene Recht gegen die Angriffe der auf ein sogenanntes Vernunft= recht gestützten Revolution zu vertheidigen, mittelbar einen weit reichenden politischen Einfluß geübt hat, wennschon er später als preußischer Minister für die Gesetzgebung den weitesten Wirkungskreis fand, um seinen juristischen Principien in der Wirklichkeit Gel=

tung zu verschaffen, so ist doch Savigny im Grunde niemals die Bahnen des eigentlichen Staatsmanns und Politikers gewandelt. Er blieb stets das, was er seiner eigenthümlichen Begabung nach war, ein großer Lehrer des Rechts, und mit der Politik befaßte er sich nur in so weit, als dies für die Entwicklung seiner Rechtsprincipien und für die Zwecke seiner amtlichen Wirksamkeit bringend nothwendig erschien.

Ganz anderer Art war die Begabung Stahl's. Stahl, der große Begründer eines neuen rechtsphilosophischen Systems, war seiner eigenthümlichen Naturanlage gemäß weit mehr noch Politiker und Philosoph, als eigentlicher Jurist, so bedeutend auch sein juristisches Vermögen war. Das rechtsphilosophische System Stahl's hat eine welthistorische Bedeutung, indem es die politischen Gegner durch ihre eigenen Waffen, durch philosophische Theorieen, überwunden hat. Ohne Stahl würde es den Bestrebungen der conservativen Partei an einer festen theoretischen Grundlage fehlen; sein System ist eine unversiegbare Quelle, aus welcher sie stets neue Kraft und neues Verständniß über ihre Aufgaben und Ziele schöpfen wird. Auch Stahl's „Rechts- und Staatslehre auf der Grundlage christlicher Weltanschauung" bedarf wie jedes Menschenwerk in einzelnen, vielleicht erheblichen Punkten der Berichtigung; aber so viel

steht unzweifelhaft fest, daß dieses System in unseren
Tagen der Felsen ist, auf den allein eine conservative
Partei sich mit Erfolg stützen kann. Conservative
Bestrebungen, welche nicht dieses System zum Aus-
gangs- und Zielpunkt haben, können wohl eine conservative Coterie begründen, welche nach einigen Jahren
einer vielleicht glänzenden Wirksamkeit, ohne erhebliche
Spuren zurückzulassen, von der politischen Bühne wieder verschwindet, aber nicht eine große conservative
Partei, welche, aller vorübergehenden Niederlagen
ungeachtet, schließlich dennoch über ihre Widersacher
siegt, weil sie eine welthistorische Mission zu erfüllen
hat. Und beinahe nicht minder bahnbrechend wie für
die politische Verfassung sind die Leistungen
Stahl's für die Kirchenverfassung! In der
That, wenn wir Savigny als den größten Juristen
der neueren Zeit und vielleicht auch des gesammten
Mittelalters bezeichnen mußten, so verdient Stahl
einer der größten Rechtsphilosophen aller Zeiten genannt zu werden. Seine Productivität für kirch-
liche und politische Organisationen war in der
That ohne Grenzen, und er verstand es, wie kein
Anderer, große geistige und geschichtliche Entwicklungen
in ihrem eigentlichen Centrum aufzufassen und ihre
wesentliche Bedeutung seinen Zeitgenossen in ein
klares Licht zu stellen. Diese großen Eigenschaften

Stahl's sind seiner scharfen Parteirichtung ungeachtet auch von den bedeutenderen und redlich denkenden seiner politischen Gegner anerkannt worden, ebenso wie sich ein Jahr vor seinem Tode die Times zu dem Zugeständniß genöthigt sah, daß er unter allen Zeitgenossen der größte politische Redner sei.

Beinahe in der Mitte zwischen Stahl und Savigny steht Pernice. Seine Verwandtschaft mit Savigny zeigt sich in dem Eifer und in der hohen Begabung für die geschichtliche Rechtswissenschaft, und Pernice liebte es sogar, sich als Schüler und Anhänger Savigny's zu bekennen. So äußerte er in der Sitzung der damaligen Ersten Kammer vom 26. April 1855, um sein dissentirendes Votum gegen die von der Regierung vorgelegte neue Concurs= ordnung zu motiviren: „Aber erwägen Sie, wollte ich ganz schweigen, ich würde dadurch in Widerspruch treten mit der ganzen Richtung meines Lebens; denn ich habe Anderes bisher vertheidigt, als was ich hier vertheidigen würde; ich würde zugleich vergessen, daß ich einst zu den Füßen des größten Juristen, den Europa seit dem 16. Jahrhundert gehabt hat (Sa= vigny's nämlich), gesessen habe, und in seinen Leh= ren nicht nur erzogen worden bin, sondern dieselben auch gehegt und gepflegt habe bis auf den heutigen Tag." Während Savigny indeß seine juristische

Thätigkeit vorzugsweise dem Privatrechte zugewandt
hatte, beschäftigte sich Pernice ganz besonders mit
dem Staats- und Völkerrechte, und daher kam
es, daß er auf das politische Gebiet weit häufiger hinübergeführt wurde, als Savigny. Dadurch
aber näherte er sich wieder mehr Stahl, der ja
gleichfalls auch da, wo er als akademischer Lehrer
und Vertreter der Wissenschaft auftrat, die politischen Interessen niemals aus den Augen verlor.
Pernice kann, was den Umfang und die Gründlichkeit des Wissens betrifft, als der Nachfolger
jener großen Reichspublicisten betrachtet werden, eines
J. J. Moser, Struve, v. Ludewig, Schmauß und
Pütter; aber er war nebenher auch, und dadurch
unterscheidet er sich von den meisten dieser Juristen,
ein eifriger Politiker, der unablässig bestrebt war, den
von ihm für wahr erkannten Rechtsgrundsätzen im
Staate und in der Gesellschaft Geltung zu verschaffen. —

Wir wollen es versuchen, diesen drei großen conservativen Juristen und Staatsmännern, welche im
vergangenen Jahre aus ihrem irdischen Wirkungs-
kreise abberufen wurden, in dieser Schrift ein Denkmal zu setzen. Die Biographieen derselben sind von
dem Verfasser im Laufe dieses Jahres bereits in der
Berliner Revue veröffentlicht worden, und es ver-

stand sich von selbst, daß ein genaueres Eingehen auf die wissenschaftliche Bedeutung dieser Männer, und namentlich gilt dies von Savigny, bei dieser Gelegenheit unzulässig war. Die großartigen Leistungen Savigny's für das Privatrecht konnten in einem, politischen und socialen Interessen gewidmeten Organe keine eingehende Würdigung finden, und deshalb handelte es sich bei diesem großen Gelehrten namentlich darum, diejenigen seiner Schriften hervorzuheben, in welchen seine Rechtsprincipien und seine damit in genauem Zusammenhange stehende politische Richtung dargelegt sind, und die in dieser Beziehung am meisten charakteristischen Stellen daraus mitzutheilen.

Derselbe Gesichtspunkt ist auch in dieser Schrift festgehalten worden, da sie den Zweck hat, dem Leben und Wirken jener drei hervorragenden Männer, welche lange Jahre hindurch mächtige Säulen der conservativen Partei waren, in weiteren Kreisen ein Andenken zu stiften. —

Möge es dem Verfasser gelungen sein, die wesentlichen Züge des Geistes und Charakters dieser drei großen Vorkämpfer für die Sache des Christenthums, der Monarchie und des Rechts zu einem Bilde zu vereinigen, welches die Persönlichkeiten derselben in treuen und sicheren Umrissen wiedergiebt und deshalb

geeignet ift, ihren Freunben nnb Gefinnungsgenoffen
alß Anbenken nnb zugleich alß Vorbilb zu bienen! —
Multum magnorum virorum judicio — fagt Se-
neca — aliquid et moo vindico.

Berlin, im September 1862.

Ludwig Pernice.

Von den drei großen Rechtsgelehrten, welche der Tod im Jahre 1861 dahinraffte, fiel Pernice als das erste Opfer.

Noch im Mai vorigen Jahres sahen wir ihn hier in Berlin in gewohnter geistiger Frische und auch körperlich wohl und rüstig auf der Durchreise nach Greifswald zu einem Familienfeste seines dort weilenden Sohnes. Es war dies das letzte Mal. Bereits nach wenigen Monaten traf aus Halle die Trauerbotschaft ein, daß Pernice am 16. Juli einem hitzigen Fieber erlegen sei, und somit der König einen seiner treuesten Diener, die conservative Partei einen ihrer Führer, die Wissenschaft einen ihrer hervorragendsten Vertreter, seine Familie den treuesten Vater und Gatten, seine zahlreichen Freunde und Verehrer einen treusten und theilnehmendsten Freund verloren hatten. Wir sind der Zustimmung Aller gewiß, denen es gestattet war zu Pernice in persönliche Beziehungen zu treten, wenn wir behaupten, daß es wohl keinen zweiten deutschen Rechtslehrer in diesem Jahrhundert gegeben hat, welcher von seinen Schülern, von fast sämmtlichen jüngeren, wissenschaftlich strebsamen Männern, und zwar weit über den Kreis seiner engeren politischen Gesinnungsgenossen hinaus, welche während ihrer Universitätszeit in Halle zu ihm in nähere oder entferntere Beziehungen traten, in solchem Grade geliebt und verehrt worden

1 *

wäre wie er. Es hat aber auch außer ihm wohl keinen zweiten deutschen Rechtslehrer gegeben, welcher diese Verhältnisse treuer und wohlwollender gepflegt hätte; und Pernice durfte daher auch mit einem Gefühl besonderer Genugthuung noch in den letzten Wochen seines Lebens äußern, daß er niemals einen Freund verloren habe.

Vierzig Jahre hindurch gehörte Pernice theils als Lehrer, theils als Curator der Universität Halle an, und die Jünglinge, mit welchen er während dieser Zeit ein Band geknüpft hatte, befanden sich, als er am 16. Juli vorigen Jahres die Augen schloß, fast in allen Ländern Deutschlands auf höheren oder auf niedrigeren Stufen des wissenschaftlichen und des amtlichen Lebens. Für sie Alle, wir wissen dies vielfach aus eigener Wahrnehmung, war die Nachricht von dem Heimgange ihres alten Gönners eine Botschaft der Trauer und des tiefsten Schmerzes. Ja, in der That, nur wenigen Auserwählten ist es vergönnt, daß, wenn sie aus dieser Zeitlichkeit abberufen werden, so Vieler Herzen in aufrichtigem Schmerze um sie trauern. Nur edlen und wahrhaft bedeutenden Naturen pflegt ein solcher Tribut der Treue und Anhänglichkeit von Freunden und Verehrern weit über ihr Grab hinaus gezollt zu werden, und diese Thatsache allein giebt uns über das geistige und sittliche Leben dieses Mannes, von dem jetzt ausführlicher die Rede sein soll, einen wichtigen Aufschluß.

Pernice war in Halle an der Saale am 11. Juni 1799 geboren. Seine Familie stammt aus Ober-Italien, aus der Gegend des Comer-Sees, von wo sein Urgroßvater nach Halle eingewandert war. Dort hatte er ein Weingeschäft errichtet, welches den Wohlstand der Familie begründet hat und von der Mutter unseres Pernice erst vor wenigen Jahren aufgelöst wurde. Seine Gymnasialbildung empfing Pernice auf dem Pädagogium in Halle, dem er seit dem Jahre 1810 angehörte. Bereits hier erregte sein Eifer und sein ungewöhnliches Talent die Aufmerksamkeit seiner Lehrer. Sein ihm zu Ostern 1817 ertheiltes Abiturienten-Zeugniß hebt daher auch ausdrücklich die Gegenwart und Gewandtheit seines Geistes, seine vielseitige Bildung und sein großes Interesse „an allem Wissenswürdigen" hervor, rühmt seine „ausgezeichneten" Kenntnisse, namentlich in den alten und neueren Sprachen und in der Geschichte, seinen nach den besten classischen Mustern gebildeten lateinischen Styl, so wie „seinen unermüdeten Fleiß, lebendigen Eifer, seltene Beharrlichkeit, verbunden mit den ihm von der Natur verliehenen glücklichsten Anlagen und Fähigkeiten." Auf diese Weise vorbereitet, bezog Pernice im Mai 1817 die Universität Halle.

Eine entschiedene Neigung bestimmte ihn für das juristische Studium, und sein Fleiß, seine Ausdauer und seine hervorragende Befähigung vereinigten sich, um ihm die Möglichkeit zu gewähren, auf der Universität bereits die Grundlage zu jenem in unseren Tagen staunenswerthen juristischen Wissen zu legen, welches Pernice unter den ersten Rechtsgelehrten Deutschlands einen ehrenvollen Platz eingeräumt hat. Von Halle aus begab sich Pernice zur Fortsetzung seiner Universitätsstudien nach Berlin und demnächst nach Göttingen. Hier wurde sein Eifer für geschichtliche Rechtsforschungen, der ihm eigene tiefe Sinn für das Recht seines deutschen

Vaterlandes durch Männer wie Hugo und Eichhorn belebt; namentlich der Letztere scheint wesentlich dazu beigetragen zu haben, daß die Richtung seiner Studien auf das öffent= liche Recht, zu welchem ihn Neigung und innerer Beruf vorzugsweise hinführten, immer entschiedener in den Vorder= grund trat. Am 10. Februar 1821 promovirte Pernice in Göttingen zum Doctor der Philosophie und acht Tage später zum Doctor der Rechte. Seine juristische Dissertation ver= breitete sich über einen Gegenstand, welcher zur Zeit aller= dings nicht mehr einen besondern praktischen Werth hat, sondern weit mehr der Geschichte des Criminalrechts ange= hört; die Darstellung bekundete indeß bereits, was den Um= fang der Kenntnisse und die Schärfe des Urtheils betrifft, den später so hervorragenden Rechtsgelehrten. Der Titel lautet: Dissertatio de suum genere, quod vulgo direc- toriorum nomine circumfertur, und noch heute wird diese juristische Erstlingsarbeit Pernice's von den Crimi= nalisten mit großem Lobe erwähnt.

Im Mai 1821 begann Pernice bereits in seiner Vaterstadt Halle seine Thätigkeit als akademischer Lehrer. Er las zunächst über römische Institutionen und Rechtsge= schichte, zog jedoch bereits in den unmittelbar folgenden Jah= ren auch die deutsche Rechtsgeschichte, so wie auch das Staats= und Völkerrecht in den Kreis seiner Vorle= sungen. Auch las Pernice damals bereits über Lehn= recht und hat seitdem dieser Wissenschaft und dem Pri= vat=Fürstenrechte bis an sein Ende seine besondere Vorliebe zugewandt. Der Eifer, mit welchem der junge Privatdocent den Pflichten seines Lehramtes oblag, der große

Erfolg, welcher seinen Leistungen bei der studirenden Jugend zu Theil wurde und sich besonders durch zahlreichen und fleißigen Besuch seiner Vorlesungen kund gab, lenkte sehr bald auf ihn die Aufmerksamkeit der gelehrten Kreise.

Im Jahre 1822 bewarben sich um Pernice bereits drei verschiedene Universitäten, Greifswald nämlich, Göttingen und Dorpat; er lehnte jedoch diese zum Theil sehr günstigen Berufungen ab, da noch in demselben Jahre in Halle seine Ernennung zum außerordentlichen Professor erfolgte. Drei Jahre später wurde er zum ordentlichen Professor befördert, und in demselben Jahre vermählte er sich auch mit einer Tochter des Kanzlers Niemeyer. Seit dieser Zeit beginnt auch die publicistische Thätigkeit von Pernice, welche nicht bloß seinen Ruhm in der gelehrten Welt begründet, sondern auch eine einflußreiche praktische Wirksamkeit ihm eröffnet hat. Die erste seiner publicistischen Abhandlungen (einige Jahre vorher hatte er bereits einen Grundriß der römischen Rechtsgeschichte und Institutionen herausgegeben, welcher zunächst auf Benutzung bei seinen Vorlesungen berechnet war) erschien im Jahre 1826 und führt den Titel: Observationes de principum comitumque imperii Germanici inde ab a. MDCCCVI subjectorum juris privati immutata ratione. Pernice betrat durch diese Schrift bereits einen Boden, auf welchem er seitdem mehr und mehr heimisch wurde, in dessen sorgfältiger Pflege er, wie einst Stephan Pütter, die wesentlichste Aufgabe seiner wissenschaftlichen Mission erblickte. Pernice verdient neben Stephan Pütter den Namen des hervorragendsten Vertheidigers der Privilegien jener erlauchten Familien, welche in den Tagen Pütter's noch im

Vollbesitze ihrer landeshoheitlichen Rechte sich befanden, welche demnächst aber durch revolutionäre Gewaltmaßregeln oder aus Rücksichten der höhern Politik einen großen Theil derselben einbüßten. Den Rechtsverhältnissen dieser seit 1806 mediatisirten Fürsten und Grafen hat Pernice von dem Jahre 1826 an bis an sein Ende seine großen publicistischen Kenntnisse und Fähigkeiten vorzugsweise gewidmet.

Wunderbar ist die große Verwandtschaft des Strebens nicht bloß und der wissenschaftlichen Neigungen, sondern auch der Begabung zwischen den beiden großen Anwalten des deutschen hohen Adels, zwischen Pütter und Pernice. Beide sind von demselben Eifer für das geschichtliche Recht beseelt, beide hassen gleichmäßig das willkürliche Machen von Gesetzen auf Grund allgemeiner Theorieen, beide sind eifrige und unermüdliche Vertheidiger alles guten Rechts „vom Throne bis zur Hütte", beide zeichnen sich durch die große, vielleicht von keinem anderen Rechtsgelehrten in diesem Grade erreichte Zuverlässigkeit ihrer Forschungen und die knappe, aber elegante Art ihrer Darstellung aus, beide endlich sind von einem unermüdlichen Streben beseelt, welches bei jedem neuen Werke, welches von ihnen erscheint, an immer neuen Früchten erkennbar ist. Während die Leistungen von Gelehrten und Schriftstellern in höherem Alter mit den Kräften schwächer zu werden pflegen, so tritt bei Pütter sowohl, wie bei Pernice, uns die merkwürdige Erscheinung entgegen, daß ihre geistigen Kräfte noch im Greisenalter im Zunehmen begriffen sind, und daß ihre Leistungen ganz augenscheinlich auch in dieser Zeit noch an Vollendung gewinnen.

Wollen wir uns daher bereits an dieser Stelle über die

Wirksamkeit von Pernice als juristischem Schriftsteller und
als akademischem Lehrer ein allgemeineres Urtheil bilden, so
können wir von ihm fast wörtlich dasselbe sagen, was Robert Mohl über Pütter äußert, indem er denselben mit
Johann Jakob Moser vergleicht. „Pütter," so sagt
dieser liberale Publicist, welcher bemüht ist, auch seinen Gegnern gerecht zu werden, „fand seine Lebensbestimmung in
einem Lehrstuhle, und zwar wesentlich in einem Göttinger
Lehrstuhle. Keine noch so lockenden Berufungen an andere
Orte und zu anderen Beschäftigungen vermochten ihn der
Stellung zu entführen, an welche ihn Dankbarkeit, Bewußtsein der Nützlichkeit, Vortheil und Gewohnheit gleichmäßig
fesselten. Er zählte seine Zuhörer lange Jahre hindurch nach
Hunderten. Daneben strömten ihm fast über Wunsch und
Bewältigungsmöglichkeit Anfragen über schwierige Fragen des
öffentlichen Rechts aus allen deutschen Landen zu. Hier-
durch war denn auch seine Thätigkeit bestimmt. Schriftstel-
lerisch war sie eine zweifache: Ausarbeitung und immer wieder neue Herausgabe von Lehr- und Handbüchern, zunächst
für seine Zuhörer; und dann Erörterung schwieriger praktischer Fälle. Als Lehrer aber setzte er sich während mehr
als einem halben Jahrhundert die Aufgabe, die Blüthe der
künftigen höheren Geschäftsmänner Deutschlands, zum Theil
die Söhne der Fürstengeschlechter, auf den Standpunkt zu
bringen, daß sie mit klarem Verständnisse des Bestehenden
und mit maßgebenden allgemeinen Grundsätzen an der Leitung der öffentlichen Angelegenheiten Antheil nehmen könnten.
In beiden Beziehungen also war zu sorgen für die Herstellung des Systems und für Aufstellung durchgreifender oberster

Säße, unter welche das Einzelne eingereiht und welche mit guter Logik und genügendem Wissen nach Bedürfniß entwickelt und zum vorliegenden Falle herabgeführt werden konnten. Der allgemeine, so lange fortgesetzte Beifall beweist, daß Pütter dieser Aufgabe in ungewöhnlichem Maße zu entsprechen verstand." Wir brauchen in der That nur etwa in Erwägung zu ziehen, daß Pernice durch seine umfangreiche amtliche Thätigkeit, von welcher sogleich die Rede sein soll, behindert wurde, als Schriftsteller in gleicher Weise fruchtbar zu sein, wie dies für Pütter möglich war, und außerdem zu berücksichtigen, daß auch die akademische Lehrthätigkeit von Pernice durch seinen anderweitigen amtlichen Beruf eine Reihe von Jahren hindurch unterbrochen wurde, daß endlich auch die Zahl seiner Zuhörer, so verhältnißmäßig groß sie von jeher war, doch in der von Juristen stets schwächer besuchten Universität Halle, nicht wie in Göttingen, „nach Hunderten" bemessen werden konnte — und wir dürfen alsdann nur noch den Namen Pernice an die Stelle des Namens von Pütter setzen, um die obige Darstellung auch für diesen Letzteren völlig zutreffend erscheinen zu lassen.

Die wissenschaftliche und praktische Thätigkeit von Pernice wurde von Jahr zu Jahr bedeutender. Bereits vor seiner Ernennung zum ordentlichen Professor hatte er die Vertretung des an einem langwierigen Augenübel erkrankten Professors Schmelzer übernommen und bald darauf beginnt seine Wirksamkeit als Rechtsbeistand des Fürsten Victor von Schönburg in den Streitigkeiten seines Hauses mit der Krone Sachsen. Seit 1827 versieht er die Stelle eines Unterbibliothekars an der Hallenser Universitäts-Bibliothek. Zu allen

diesen Geschäften wird ihm von 1830 an auch noch die
Censur für Schriften aus dem Gebiete der Rechtswissenschaft,
Politik und Zeitgeschichte und bald darauf auch der Philosophie übertragen, und in den Jahren 1832 und 1833 bekleidete er zweimal hintereinander die Würde eines Prorectors. Erwägen wir noch, daß Pernice seit 1827 auch
ein eifriges Mitglied des akademischen Spruchsenats war
und seit 1833 sogar mit dem Vice-Ordinariat der Juristen-
Facultät betraut wurde, so können wir uns ein Bild der
vielseitigen und umfangreichen Thätigkeit dieses Mannes ent-
werfen, welcher in einem Lebensalter, in welchem die Meisten kaum die Universitätsjahre beendigt haben, bereits die
höchsten akademischen Würden bekleidete und den rothen „Für-
stenmantel" des Prorectors (bekanntlich hatte der Prorector zur Zeit des Reichs Reichsfürstenrang) zu einer Zeit
trug, wo die meisten jungen Gelehrten sich noch als Privat-
Docenten mehr oder weniger vergeblich bemühen, ein Colleg
zu Stande zu bringen.

Pernice war bereits ein berühmter Mann geworden,
als im Jahre 1838 an ihn der Ruf erging, an Albrecht's
Stelle in Göttingen Staats- und Lehnrecht, Kirchenrecht,
deutsche Rechtsgeschichte und Privatrecht zu lesen. Dieser
Ruf hatte für ihn etwas ungemein Verlockendes. Mit seinen theuersten Erinnerungen hing er noch an dieser Universität, in welcher er unter der Leitung großer und ihm persönlich nahestehender Männer die wissenschaftlichen Bahnen
betreten hatte, denen er während seines ganzen Lebens treu
geblieben ist. Eichhorn hatte sich freilich seit 1829 bereits
von seiner akademischen Thätigkeit zurückgezogen, aber Hugo

faß noch auf dem Lehrstuhle, den er seit langen Jahren bereits mit Ruhm eingenommen hatte, und war mit allen Kräften bestrebt, seinen berühmten Schüler, dem er auch persönlich mit herzlicher Liebe zugethan war, an seine Seite zu ziehen.

Eine Zeit lang dachte Pernice auch ernstlich an die Annahme dieses Rufs, aber der preußische Patriot trug in ihm doch schließlich den Sieg davon. Namentlich war es die Treue gegen seinen König und Herrn, welche es ihm unzulässig erscheinen ließ, ein von diesem ihm anvertrautes Amt einseitig aufzugeben. Dieser Ueberzeugung gab er ausdrücklich in den Worten Ausdruck: „er habe sich stets der Ueberzeugung hingegeben, daß es einem Diener nicht wohl anstehe, den ihm von seinem Landesherrn anvertrauten Wirkungskreis ohne gebieterische äußere Veranlassung aufzugeben." — Aus ähnlichen Gründen schlug er auch im Jahre 1842 ein Anerbieten des Herzogs Heinrich von Köthen aus, für den er als Rechtsbeistand des preußischen Ministers Rother namentlich in Finanzsachen vielfach thätig gewesen war, als Wirklicher Geheimer Rath und Regierungspräsident und unter Erhebung in den Adelsstand in anhaltinische Dienste zu treten. Diese Ablehnung scheint Pernice bei seiner persönlichen Anhänglichkeit an den Herzog besonders schwer geworden zu sein, und er schrieb daher auch an diesen: „Gott weiß, wie schwer es mir wird, diese Worte der Ablehnung niederzuschreiben, und wie ich erst nach demüthigstem Gebete zu ihm eines sicheren Entschlusses mächtig geworden bin." Dagegen war Pernice gern bereit, unter Genehmigung des damaligen Cultusministers Eichhorn

seine bisherige geschäftliche Thätigkeit für den Herzog aus=
zudehnen.

Einige Jahre früher bereits hatte Pernice vom Kö=
nige den Titel eines Geheimen Justizrathes erhalten und die
Universität Halle hatte ihn bald darauf zum dritten Male
zu ihrem Prorector gewählt und von 1843 bis 1844 be=
kleidete er diese Würde zum vierten Male. Im Jahre 1844
erfolgte auch die Ernennung von Pernice zum außer=
ordentlichen Regierungs = Bevollmächtigten und Curator der
Universität Halle mit dem Titel eines Geheimen Ober = Re=
gierungsrathes. Pernice hat diesem äußerst verantwort=
lichen und schwierigen Amte mit großer Geschäftsgewandtheit,
namentlich aber auch mit großem Wohlwollen vorgestanden,
und selbst bei politischen Vergehen der Studenten war er
stets geneigt, der mildesten Beurtheilung den Vorzug einzu=
räumen, sobald sich nur der entfernteste Anhalt dafür bot,
das Vergehen auf jugendlichen Leichtsinn und jugendliche
Verirrung zurückzuführen. Nur gegen hartnäckige und ver=
stockte Sünder, gegen solche, welche sich die Aufgabe stellten,
das revolutionäre Gift den bis dahin unbefangenen oder
doch unverderbten Gemüthern ihrer Commilitonen einzuimpfen,
ließ Pernice die Strenge des Gesetzes zur Anwendung
bringen.

Durch diese neue Stellung war Pernice genöthigt,
seine Thätigkeit als akademischer Lehrer aufzugeben, welche
er als seinen eigentlichen Beruf erkannt hatte und nach
welcher er sich stets zurücksehnte. Im Jahre 1845 erhielten
diese Amtsgeschäfte noch eine bedeutende Erweiterung durch
seine Ernennung zum Director des Hallenser Schöppen=

ftuhles, welche nicht weniger zu seinen Neigungen, wie
zu seiner großen, von sämmtlichen seiner Collegen anerkann=
ten Begabung für die Rechtsprechung vorzugsweise paßte.
Für die große Leichtigkeit, mit welcher Pernice so ver=
schiedene und so umfangreiche Berufsgeschäfte betrieb, für
seine außergewöhnliche Arbeitskraft spricht der Umstand, daß
er immer noch Zeit zu den bedeutendsten gelehrten Studien
fand, daß seine Thätigkeit als Rechtsconsulent regierender
und mediatisirter Fürstenhäuser, selbst in erweitertem Um=
fange, fortdauerte, daß es ihm sogar möglich war, seine
in früherer Zeit bereits übernommenen Geschäfte als Cen=
for fortzuführen.

Unter solchen zum Theil in hohem Grade aufreibenden
Berufsarbeiten nahte für ihn das Jahr 1848. Es war
eine wahrhafte Erquickung in dieser Zeit des allgemeinen
Verrathes und des Abfalls von göttlichen und menschlichen
Gesetzen, wo selbst viele der Besten wankten, oder doch wenig=
stens die Hoffnung auf den endlichen Sieg der guten Sache,
der Sache des Christenthums, der Monarchie und des
Rechts verloren, das Beispiel von Pernice vor Augen zu
haben, seinen Muth und seine Unerschütterlichkeit zu sehen
und seine große, weder durch Wort noch That auch nur
einen Augenblick verläugnete Treue gegen alles das, was er
in seinem bisherigen Leben geliebt und verehrt, was er bis
dahin für recht und wahr erkannt hatte. Pernice verlor
während der schlimmsten Krisen des Jahres 1848 niemals
die feste Zuversicht, die er solchen, welche ihm näher standen,
immer wieder von Neuem aussprach, daß das Königthum
doch schließlich die Revolution besiegen werde, und daß die

letzte Stunde der preußischen Monarchie, wie zaghafte Ge-
müther wähnten, noch keineswegs geschlagen habe.

Aber dieses große und durch nichts zu erschütternde
Vertrauen hinderte nicht daran, daß Pernice von tiefstem
Kummer erfüllt war über die Auflösung aller sittlichen und
politischen Ordnung und insonderheit über die harten Prüfungen, welche dem von ihm heiß geliebten Könige beschieden
waren. Mit welcher Freude wurden daher von ihm die
Tage der Umkehr begrüßt, und jene in der Geschichte der
preußischen Monarchie ewig denkwürdigen Thaten Wrangel's
und des Grafen Brandenburg! Der Verfasser dieser Schrift
befand sich im Anfang des Jahres 1851 eines Abends in
einem kleineren Kreise bei Pernice, als so eben die Nachricht von dem berühmt gewordenen Ausspruche Manteuffel's
eingetroffen war, daß mit der Revolution nunmehr gebrochen
werden solle. Pernice war voller Jubel über diese feierliche Verheißung des Ministers und es wurde angestoßen
auf sein Wohl und den guten Erfolg seiner Absichten.

Daß dieser Erfolg wenigstens theilweise erzielt wurde,
dazu hat auch Pernice seinerseits wacker mitgewirkt. Im
Jahre 1852 wurde er in Wittenberg zum Deputirten für
die Erste Kammer gewählt, und zwei Jahr später ernannte
ihn der König in Folge Präsentation der Universität Halle
zum lebenslänglichen Mitgliede des Herrenhauses und bald darauf auch zum Kronsyndicus.
Pernice erhielt dadurch einen unmittelbaren Antheil an
den großen Arbeiten der Reaction, welche namentlich bis
zum Jahre 1855, wo das Ministerium den von seinem
Ministerpräsidenten im Jahre 1851 proclamirten Grundsätzen

untreu zu werden begann, oder wenigstens in der Durchfüh=
rung derselben sich lässig zeigte, mit dem besten Erfolge fort=
dauerten und die preußische Monarchie der Revolution glück=
lich entrissen, welche sie zu vernichten drohte. Pernice
war für Fragen des positiven Staatsrechts unzweifelhaft die
hervorragendste Autorität des Herrenhauses und wurde auch
als solche von allen Seiten bereitwilligst anerkannt. Wenn
Stahl als der erste politische Führer dieses Hauses mit
Recht betrachtet wurde, so war Pernice (Savigny hat
seinen Sitz im Herrenhause niemals eingenommen) die erste
juristische Capacität desselben, ein Law=Lord von einem Um=
fange des staatsrechtlichen Wissens und zugleich von einem
juristischen Scharfsinne, daß keines der übrigen Mitglieder
es wagen konnte, sich ihm in dieser Hinsicht an die Seite
zu stellen.

Die näher bezeichneten Fähigkeiten von Pernice traten
in ein besonders glänzendes Licht bei Gelegenheit der De=
batten über die Bildung des jetzigen Herrenhauses, an welchen
Pernice als Mitglied der damaligen Ersten Kammer im
Jahre 1853 Theil nahm. Eine bedeutende Rede hielt er
ein Jahr später gegen die Einführung der neuen Concurs=
Ordnung vom 8. Mai 1855, weil dadurch mit der ge=
schichtlichen Entwicklung des deutschen Concurs=Processes auf
das Radicalste gebrochen werden sollte, um eine neue Con=
curs=Ordnung nach französischem Muster bei uns einzuführen.
Diese Rede ist für den juristischen Standpunkt Pernice's
so bezeichnend, daß wir einige wichtige Stellen derselben un=
seren Lesern nicht vorenthalten können. — Nachdem Per=
nice sein Bedauern darüber ausgesprochen hat, daß er ge=

nöthigt sei, bei dieser wichtigen Gesetzesvorlage gegen die Regierung zu stimmen, fährt er fort:

„Dies aber vorausgeschickt, erlaube ich mir darauf vor Allem aufmerksam zu machen, daß die Gegensätze, welche die Juristen dieser und früherer Zeit in ihrer Auffassung bestehender Rechtszustände trennen, auf das Markirteste und Bestimmteste da hervortreten, wo es sich um legislatorische Maßregeln handelt. Die einander entgegenstehenden Ansichten aber sind, will man scharf von einander sondern, diese: Die Einen betrachten das gegebene Recht einer bestimmten Zeit, eines bestimmten Volkes als eine leblose und todte Masse, welche mehr oder weniger hervorgegangen ist aus menschlicher Intelligenz, vielleicht auch aus äußern Zufälligkeiten und Bedürfnissen, ein Stoff, welcher dann durch menschliche Intelligenz weiter gehandhabt und äußerlich durch Gesetze ausgesprochen wird. Nach dieser Ansicht ist R e c h t und G e s e t z etwas Identisches. Dagegen geht die entgegengesetzte Ansicht davon aus, daß das Recht eines bestimmten Zeitraumes, eines bestimmten Volkes, ein organisches Wesen ist, entstanden im Verlauf durchlebter Jahrhunderte aus den heiligsten Quellen der Religion, der Gewohnheit, der Sitte, des gesammten Volksbewußtseins. Der Inbegriff dieses Rechts, immer verschiedenartig in seinen einzelnen Theilen, bildet dennoch allezeit ein innerlich einheitliches Ganzes, welches nicht durch menschliche Willkür und Klugheit, sondern vermöge einer höheren Fügung in's Leben getreten ist und nach derselben höheren Weltordnung weiter fortgebildet wird. Wenn Sie, meine Herren, diese Gegensätze in der Auffassung eines lebendigen Rechts sich vergegenwärtigen, so wird sich

2

Ihnen auch als nothwendige Consequenz ergeben, daß bei jeder Maßregel, welche eine Einwirkung auf jenes Recht zum Gegenstande hat, die sich kundgebende Thätigkeit anders sich gestalten wird, je nachdem die Rechts-Auffassung und Anschauung eine verschiedene ist. Denn wer da meint, daß Recht und Gesetz identisch sei, wird den historischen Bestand und Zusammenhang des Rechts, wenn überhaupt, immer gering achten und nur etwa, wie einst Fouché, der bekannte Herzog von Otranto, die Geschichte als eine Exempel-Sammlung betrachten, nützlich, um aus den Gesetzen der verschiedensten Länder diese oder jene Norm zu entnehmen und danach einen neuen Stoff zu bilden; aber er wird die Beachtung des geschichtlich gebildeten Rechts keineswegs als eine unabweisbare Nothwendigkeit betrachten. Anders bei der anderen Auffassung; sie wacht über dem Recht als einer heilig zu achtenden Ueberlieferung, sie will die inneren selbstschaffenden Kräfte des reich gegliederten Rechts-Organismus ungestört fortwirken lassen, und verlangt, daß alle menschliche Thätigkeit sich in Beziehung zu dem unabhängig von menschlicher Machtvollkommenheit bestehenden Recht nur behütend und in leisen Fortschritten bessernd verhalte. Diese beiden Verfahrungsweisen, dieses verschiedenartige Verhalten, erlaube ich mir näher zu präcisiren, das eine als das der Codification, das andere als das der Revision. Wer das Recht von dem zuerst hervorgehobenen Standpunkte auffaßt, wird nicht nur kein Bedenken tragen, sondern im Gegentheil, wo ihm die Nothwendigkeit vorhanden zu sein scheint, oder wo seine eigene Klugheit es erheischt, oder wo er glaubt, daß ein wirkliches oder vermeintliches Bedürfniß es erfordere, sich verpflichtet halten, das Recht formell und materiell in eine andere Gestalt zu bringen, die Wurzeln dieses Rechts abzuschneiden und den neuen Rechts-Inhalt auf neuen Fundamenten zu begründen. Mit anderen Worten, er wird nicht darauf achten, ob das Recht der Vergangenheit und das Recht der Gegenwart und Zukunft in einem inneren Zusammenhange mit einander stehen. Wer dagegen von dem zweiten Standpunkte ausgeht, wird die immerhin schwierigere, aber wahrhaft großartige Aufgabe zu lösen haben, das Recht in seinem tiefsten Innern zu erforschen, das in sich Abgestorbene zu beseitigen, das Lückenhafte zu ergänzen, das Schwankende und Unbestimmte zu unterstützen. In diesen Functionen wird die Legislation ihren wahren und eigentlichen Beruf zu finden haben. Nach der Art und Weise, wie ich bisher mich ausgesprochen, kann darüber nicht füglich ein Zweifel obwalten, daß ich nach innerster Ueberzeugung als Jurist nicht auf dem Standpunkte des Codificirens, sondern des Revidirens stehe. Der gegenwärtigen Gesetzes-Vorlage gegenüber glaube ich aber allerdings annehmen zu müssen, daß eine Codification geboten wird, die als solche weder als wohlthätig, noch als nothwendig betrachtet zu werden vermag. Aber allerdings wird dieser Satz noch einer näheren Betrachtung bedürfen. Ist denn wirklich, was vorliegt, eine Codification und erheischt nicht gerade der gesammte Rechtszustand Preußens eine solche Codification? Ja, meine Herren, es ist wahr, daß gerade in Preußen das Codifications-Verfahren zuerst in umfassendster und gewaltigster Weise hervorgetreten ist.

Die herrschenden Lehren im letzten Viertel des vorigen

Jahrhunderts, ausgehend davon, daß jeder Mensch und jedes Zeitalter sich selbst und seine Gegenwart bestimmen könne, verlangten, daß der Staat das gesammte Recht sammle, sondere, sichte und in ein gemeinsames Gesetzbuch zusammentragen lasse. So ist das Allgemeine Landrecht entstanden, — eine Codification in dem Sinne, daß sie alle bisher geltenden Quellen des gemeinen Rechts beseitigt wissen wollte, aber dennoch eine Codification, welche neben sich alle Particular-Rechte der Provinzen nicht nur duldete, sondern ausdrücklich aufrecht erhielt, eine Codification also, welche in ihren Satzungen nicht ein allein und ausschließlich geltendes Recht bilden wollte und deren Satzungen überdies größtentheils nur das bestehende geltende Recht wiedergaben, nicht aber ein neues Recht nach den Gedanken des Gesetzgebers construirten. Inzwischen war man im Fortgange dieses Jahrhunderts durch die Lehrmeinungen und Grundsätze, welche in Deutschland die vielleicht zum eigenen Nachtheil so genannte geschichtliche Schule der Juristen verbreitet, immer mehr in der Meinung gekräftigt worden, daß das Allgemeine Landrecht Preußens nicht durch neue Codificationen fortgebildet und zum Bessern geführt werden könne, sondern durch fortschreitende Revision des Bestehenden in seinen einzelnen Gliederungen allein. Zur Ausführung dieser gewonnenen heilsamen Ueberzeugung wurde von Sr. Majestät dem Könige seiner Zeit sogar ein eigenes Ministerium der Gesetzes-Revision angeordnet. Wenn aber der breite Weg der preußischen Codification bereits seit Decennien verlassen worden, und wenn man statt dessen durch Special-Gesetze Abhülfen und Nachhülfen zu schaffen suchte, so war eine Richtung eingeschlagen, welche die Nothwendigkeit auszuschließen schien, in den Gang des Codificirens wieder einzulenken.

Aber ist denn das, fragte ich vorher, was uns geboten, überhaupt als eine Codification zu betrachten? und allerdings verneint dies eine für mich gewiß sehr entscheidende Autorität. Es wird von der Meinung ausgegangen, daß es sich bei der Gesetzes-Vorlage wesentlich nur um formelles Recht handele; es wird hervorgehoben, daß die materiellen Bestimmungen des Gesetzes sich unmittelbar an das bestehende Recht anschlössen. Meine Herren, ich bedauere lebhaft, mit dieser Auffassung mich nicht conformiren zu können. Zunächst formelles und materielles Recht, wo ist zwischen beiden die richtige Grenzlinie zu finden? Wie oft greift gerade dasjenige, was Form zu sein scheint, tief in das materielle Recht ein! Und abgesehen hiervon, — sollten wirklich in diesem Entwurfe keine materiell neuernden Rechts-Bestimmungen der wichtigsten Art enthalten sein? — Ich beabsichtige keineswegs, der Discussion über Specialitäten vorzugreifen; aber erlaubt möge es sein, mindestens auf einen Punkt, der sicherlich noch weiter angeregt werden wird, hinzuweisen. Ich meine das Verhältniß der Vermögens-Rechte der Ehefrauen. Ganz abgesehen von der Frage, ob es überhaupt rathsam und wohlthätig ist, daß die Ehefrauen ein Recht verlieren, welches sie in Ansehung ihres Vermögens Jahrhunderte hindurch gehabt haben, steht doch sicherlich fest, daß materielles Recht alterirt wird, wenn der vorgelegte Entwurf annimmt, daß die neuernde Bestimmung hinsichtlich der bisherigen Sicherstellung des Vermögens der Ehefrauen sogar rückwirkende Kraft haben soll. Wenn bisher die Väter ihre Töchter in dem Bewußtsein verheirathet haben, daß deren Vermögen durch ein Pfandrecht am Vermögen des Ehemannes gesichert sei, wenn im Bewußtsein dieser Sicherheit Haushalte begründet und Handelsbeziehungen in's Leben gerufen worden und nunmehr jene Sicherheit nicht mehr als eine selbstverständliche bestehen soll, so fragt man gewiß nicht grundlos, wodurch dies gerechtfertigt werden dürfte. Ich kann irren; ich glaube aber kein anderes Motiv aufgefunden zu haben, als das dem Regierungs-Entwurf beigefügte, wonach die Vorrechte der Ehefrau erst mit dem Concurs zur Eristenz gelangen und bis dahin nicht zu den wohlerworbenen Rechten gehören sollen. Allein wohlerworbene Rechte sind, wie ich nicht anders weiß, diejenigen, welche, auf einem gültigen Rechtstitel beruhend, einen integrirenden Bestandtheil der Rechtssphäre einer Person bilden. Ob solch ein Recht bedingt ist oder nicht, ob es ausgeübt wird oder nicht, ist gleichgültig; es besteht als ein wohlerworbenes von dem Moment an, wo es vermittelst eines gültigen Rechtstitels gewonnen wird. In ganz ähnlicher Weise wird ja einem Gläubiger die Priorität seiner Hypothek als ein wohlerworbenes Recht zuständig sein, gleichviel ob das verpfändete Grundstück zur Subhastation gelangt oder nicht. Sollte aber dies prägnante Moment nicht genügen, um darzuthun, daß materielle Rechtspunkte dem Gesetz-Entwurfe keineswegs fern liegen und in ihm zur Codification gelangt sind?

Fasse ich das Gesagte zusammen, so kann meine unmaßgebliche Ansicht nicht dunkel sein. Ich meine, daß nicht zu codificiren, sondern zu revidiren, daß nicht auf Neues, nicht, wie es heißt, auf die Herstellung eines „einfachen, klaren und den Verkehrsverhältnissen entsprechenden Systems", das Absehen zu richten gewesen sein dürfte, sondern darauf allein, Form und Inhalt des Concursrechts sorgsamlichst von den Mißbräuchen und Gebrechen zu säubern, welche überall ganz unvermeidbar an Rechts = Verhältnisse und Rechts = Institute sich anhängen. Sonderung, Sichtung, Reinigung und orga = nische Ergänzung würden die edelste Aufgabe gewesen sein und eine den Ruhm der Arbeiter nicht schmälernde, son = dern, im Falle glücklicher Lösung, erhöhende Aufgabe ge = bildet haben." —

Am bedeutendsten war im Jahre 1854 die parlamenta = rische Thätigkeit Pernice's für die Wiedereinsetzung der ehe = mals reichsständischen Familien in die durch Verträge und feierliche Zusicherungen (Edict vom 21. Juni 1815 und Instruc = tion vom 30. Mai 1820) ihnen eingeräumten Rechte, welche die Revolution ihnen geraubt hatte. Pernice schrieb über diese Bestrebungen, welche bekanntlich mit gutem Erfolg ge = krönt wurden, damals (am 6. März 1854) an den Verfasser: „Sie erwähnen in Ihrem Briefe der reichsständischen Ver = hältnisse, und obgleich die Zeitungen Ihnen früher als ich die bisherigen Resultate unserer Bemühungen bringen werden, so liegt es mir doch wie eine Pflicht ob, Ihnen persönlich meine Freude über den unerwartet glücklichen Fortgang dieser Angelegenheit mitzutheilen. Ich zweifle nicht, daß dem am Freitage gefaßten Beschlusse der Ersten Kammer auch die Zweite beitreten wird. Dann ist ein Feld gewonnen, auf dem sich, denke ich, viel bauen läßt. Erst jetzt bin ich froh, daß ich mein Mandat zur Kammer nicht niedergelegt habe." — In einem früheren Schreiben (16. Januar 1853) von Berlin aus heißt es: „Ich bin seit dem 4. Januar wieder hier, ich kann hinzufügen: leider! Diese ganze Kammerthätigkeit ist nicht das mir eigenthümliche, mir zusagende Terrain; ich habe mich lange genug gesträubt, obgleich es für mich einen eigenthümlichen Reiz hätte haben können, anno Domini 1852 in der Ersten Kammer der Monarchie zu sitzen, nachdem man anno Domini 1848 mich als einen Schergen der alten Ordnung der Dinge hat vom Amte treiben wollen. Vorzüglich hat mich in diesen Wochen der Regierungsvorschlag, die Bildung der künftigen Ersten Kammer betreffend, in Spannung versetzt. Bei der vorherrschenden Meinungsverschiedenheit schien es, als könne dadurch ein Bruch oder eine Mißstimmung in die conservative Partei kommen. Das scheint Gottlob vermieden zu sein. In der Commission, welcher ich angehörte, waren 8 Stimmen für, 7 aber gegen die Regierungsvorlage." — In einem noch früheren, aus Köthen datirten Briefe (vom 28. März 1852) findet sich eine Stelle, welche für die Ansichten, welche Pernice über die politische Situation hatte, von Interesse ist. Es heißt daselbst: „Wie sehr die preußische Regierung gerade auf dem von Ihnen bezeichneten Wege in der Consolidirung unserer Verhältnisse vorzuschreiten beabsichtigt, wird Ihnen klar sein; aber eben so auch die Schwierigkeit, welche sich, böswillig und gut gemeint, vor Allem der Tendenz entgegenbäumt, das wahrhaft noch lebensfähige Element neu zu beleben und in die Neugestaltung der Dinge einzufügen. Nichts hat deutlicher diesen Kampf herausgestellt, als die Differenz über Construction der Ersten Kammer. Auch darin bin ich mit Ihnen ganz einverstanden, daß vor Allem eine starke fürstliche Gewalt uns Noth thut. Die Stärke der fürstlichen Gewalt liegt aber nicht allein im Princip, sondern auch und vornehmlich im Körper des Princips. Und darum lassen Sie uns Gott bitten, daß Er unsere deutschen Fürsten und ihre Generation zu Helden kräftigen möge, wenn sie auch keine Harnische, kein aes circa pectus tragen. — Wundersam ringt das Land, in welchem ich mich augenblicklich befinde, mit der Reconstruction seiner Verfassung. Man will ständische Einrichtungen, und doch weiß man sie nicht vom Constitutionalismus zu unterscheiden. Aehnlich wie Rehfues einst in seinem Scipio Cicala nicht wußte, daß, was er vortrug, Inhalt der französischen Constitution war, die er perhorrescirte. Dieser Wirrwarr aber läuft durch die ganze Welt! Und daneben der unselige Glauben, daß mit dem Paragraphen auch das Recht gemacht sei." —

So dachte und handelte Pernice als praktischer Staatsmann, und wenn, wie er dies ausdrücklich erklärt, auch seine persönlichen Neigungen ihn keineswegs zu einer parlamentarischen Thätigkeit hinführten, so ließ doch seine Pflichttreue keinen Zweifel darüber bei ihm aufkommen, daß er auch auf diesem Gebiete seine Kräfte dem Könige und dem Vaterlande zur Verfügung zu stellen habe. Von seinen Reden haben wir namentlich noch folgende hervorzuheben: Gegen Aufhebung der Geschlechtsvormundschaft; gegen das neue sogenannte Schwängerungsgesetz, welches die vom Landrechte in Bezug auf außereheliche Schwängerungen bisher anerkannten Bestimmungen aufhob, um zu Gunsten des stärkeren Theils diese Art von Unsittlichkeit zu begünstigen; für Abänderung des landrechtlichen Ehescheidungsrechts und schließlich gegen Aufhebung der Grundsteuerbefreiungen. — Neben dieser neuen politischen Thätigkeit blieb Pernice indeß seiner alten publicistischen Wirksamkeit treu, dieselbe gewann sogar immer noch an Ausdehnung und zugleich auch an Wichtigkeit. Besonders verdient das Gutachten hervorgehoben zu werden, welches Pernice in der holsteinischen Successionsfrage auf Befehl des Hochseligen Königs verfaßte. Es handelte sich dabei namentlich auch um die Theorie von Mißheirathen und um die Frage, ob eine Ehe zwischen einem deutschen Fürsten und einer Person von niederem Adel oder von höherem Bürgerstande als Mißheirath zu betrachten sei. Pernice bejahte mit Recht diese Frage, indeß zum großen Verdruß von Zöpfl, welcher gegen die Auffassung von Pernice mit einer Gegenschrift auftrat, worin er seine längst bereits bekannten, ziemlich confusen Grundsätze über Mißheirathen, welche lebhaft an die Phantasieen Klüber's über diesen Gegenstand erinnern, die sogar Robert Mohl ganz von oben herunter behandelt, von Neuem vortrug. Eine andere wichtige publicistische Arbeit aus jener Zeit hatte die altenburgische Domänenfrage zum Gegenstande. Pernice verfaßte in dieser Angelegenheit mehrere Gutachten, namentlich aber eine Beschwerdeschrift zu Gunsten des Ernestinischen Hauses. Ueber den Erfolg dieser Schrift schreibt er im Anfange des Jahres 1854 mit großer Genugthuung: „Was mich nach Altenburg führte, wissen Sie. Diese Domänen-Angelegenheit ist über Erwarten glücklich durchgekämpft worden.... Eine andere Schrift habe ich für die Gesammtlandschaft Anhalts geschrieben, die ich von Halle aus Ihnen senden werde." — Das Ver-

hältniß von Pernice zu der neuen Verfaſſung Anhalts iſt
vielfach falſch aufgefaßt worden; von liberaler Seite hat man
ihn namentlich vielfach als den eigentlichen Urheber dieſer
Verfaſſung bezeichnet. Es iſt dies aber thatſächlich durchaus
unrichtig. Als Rechtsconſulent der Landſchaft hat er nur die
Beſchwerdeſchrift derſelben an den Bundestag abgefaßt und
demnach die Einigung dieſer Landſchaft mit dem Landesherrn
vermittelt. Sein Antheil an der Verfaſſung ſelbſt war ein
durchaus geringer; er war ſogar mit derſelben in vielen erheblichen Punkten keineswegs einverſtanden. Später, im
Jahre 1859, veranſtaltete Pernice auf Veranlaſſung des
Appellationsgerichtes zu Bernburg eine Reviſion der For-
meln des anhaltiniſchen Rügegerichtes zu Volkmannsrode
und hatte am 12. October 1860 die Freude, auf ergangene
Einladung der erſten Hegung dieſes „freiöffentlichen Klage-
und Rügegerichts" beizuwohnen. Um dieſe Zeit erhielt Pernice auch den Auftrag, an der Seite des Bevollmächtigten
Sr. Königlichen Hoheit des Prinzen Friedrich Carl von
Preußen, des Grafen v. d. Aſſeburg, bei der Regulirung der
eventuellen bernburgiſchen Allodial-Succeſſion
mitzuwirken.

Von den publiciſtiſchen Schriften von Pernice heben
wir namentlich noch folgende hervor: Quaestionum de jure
publico Germanico particulae I.—III. 1831. Commentatio,
qua de jure quaeritur, quo principes Hohenloenses tanquam
comites Gleichenses duci Saxoniae Coburgensi et Gothano
subjecti sint. 1835. Codex juris municipalis Hallensis.
1839. Rechtsgutachten, betreffend die Anſprüche des Herrn
Werner, Grafen von Harthauſen zu Bölendorf auf das Dorf

Welde. 1840. Rechtsgutachten, betreffend die Rechtsver-
bindlichkeit des im Herzogthum Sachsen-Altenburg unter dem
29. März 1849 zu Stande gekommenen sog. Civillisten-Ver-
trages. 1853. Commentatio de singulari dynastiae Scha-
venine jure et conditione hodierna. 1854. Memorandum,
betreffend die rechtliche Stellung der mittelbar gewordenen
vormals reichsständischen Fürsten und Grafen in Preußen
den Gesetzen vom 10. Juni und 12. October 1854 gegenüber. 1855. Rechtsgutachten, betreffend die bei der hohen
deutschen Bundesversammlung angebrachte Beschwerde des
fürstlichen Gesammthauses Hessen-Philippsthal gegen des
Kurfürsten von Hessen K. H., wegen Justiz- und Rechts-
verweigerung rücksichtlich einer aus der sog. Hessen-Rothen-
burgischen Quart beanspruchten Apanagevermehrung. 1855.
De sancta confoederatione. 1855. Memorandum, betreffend die rechtliche Stellung des gräflichen Hauses Stolberg-
Wernigerode der Verfassungs-Urkunde für den preußischen
Staat gegenüber. Ein ähnliches „Memorandum", betreffend
die rechtlichen Verhältnisse des fürstlichen und gräflichen Hau-
ses Schönburg zur Krone Sachsen hatte Pernice bereits
1830 verfaßt, und 1849 war von ihm eine „Kurze Beleuch-
tung der Schönburgischen Receßverhältnisse" erschienen. Im
Jahre 1859 veröffentlichte er seine letzte größere Schrift über
„Die staatsrechtlichen Verhältnisse des gräflichen Hauses
Giech während des Bestehens des deutschen Reichs und nach
Auflösung desselben"; eine Schrift, welche als eine wahre
Fundgrube für die Rechtsverhältnisse des deutschen hohen
Adels bezeichnet werden darf. Es giebt in unserer gesamm-
ten gelehrten Literatur keine zweite, welche über diese Rechts-

verhältnisse und noch dazu auf dem engen Raume von 76
Seiten (da die übrigen 80 Seiten Urkunden u s. w. enthalten, welche sich auf die speciellen Rechtsverhältnisse des Hauses Giech beziehen), ein in gleicher Weise correctes und nach
allen Seiten hin erschöpfendes Material enthält.

Neben dieser hervorragenden politischen Thätigkeit als
Staatsmann und als Publicist war Pernice auch in engeren Kreisen unablässig bemüht, für die Sache, welche er
als recht und wahr erkannt hatte, zu kämpfen. Er war eins
der thätigsten Mitglieder der conservativen Partei in Halle,
welche seinem bedeutenden Organisations-Talente vorzugsweise ihre Entstehung und Ausbildung verdankte, so wie er
auch ihr politisches Organ, die Neue Hallesche Zeitung, begründete. Diese Partei, deren eigentliche Seele Pernice
war, hat sein Verlust besonders schwer betroffen.

Die Wendung, welche in den letzten Jahren die politischen Verhältnisse in Preußen genommen hatten, erfüllte
Pernice mit tiefem Kummer. Er sah die Bewegungs-
partei, welche so eben erst besiegt worden war, wieder
dreist das Haupt erheben und die conservativen Errungen-
schaften der letzten Jahre fast überall durch die Revolution von Neuem bedroht. Pernice hatte den Dingen
der Welt zu lange und von zu lehrreichen Standpunk-
ten aus zugesehen, um nicht die sturmverkündenden Zeichen
richtig zu deuten, welche am politischen Horizonte täglich
eine bestimmtere Gestalt gewannen. Am tiefsten ergriff ihn
aber das harte Schicksal des von ihm heißgeliebten Königs.
Pernice, welcher sein ganzes Leben hindurch einer festen
Gesundheit sich erfreut und rüstig an Geist wie an Körper

stets den Verhältnissen, auch den trostlosesten, siegesmuthig in's Gesicht gesehen hatte, konnte sich von dem ahnungs= vollen Gefühle nicht lossagen, daß seinem Vaterlande harte Prüfungen bevorständen, und daß Alles, wofür er und seine Freunde unabläſſig gekämpft, eine Beute der Revolution sein werde. Seitdem beschäftigte er sich, obwohl körper= lich gesund, viel mit Todesgedanken; er fühlte, daß seine letzte Stunde nicht mehr fern sei. Es wurde dem alten treuen Streiter für geschichtliches Recht, für Autorität und Königthum unheimlich unter den Gestalten, welche wieder den politischen Schauplatz betreten hatten, und er machte aus diesem Gefühle kein Hehl. So schrieb er an dem vor= letzten Tage des Jahres 1860 an den Verfaſſer: „Ich schaue vielleicht zu finster in die Zukunft; das Alter macht besorg= licher, aber läugnen wird auch die Jugend nicht, daß die Aspecten besorglichſter Natur sind. Und dazu — Hannibal ante portas! — — — Mir geht es in diesem Winter, nach= dem ich im Herbst Marienbad gebraucht, recht leidlich. Aber ich fühle, daß ich alt werde, und daß es nächstens heißen muß: senem do ponte!"

Und diese trüben Ahnungen sollten leider nur zu bald in Erfüllung gehen. Noch am 11. Juni 1861 feierte Per= nice im Kreise seiner Freunde seinen Geburtstag, nachdem er am 10. Februar im Kreise der juriſtiſchen Docenten und seiner beiden ältesten und nächsten Freunde, der Profeſſoren Leo und Rosenberger, bereits den 40. Jahrestag seiner Doctor=Promotion gefeiert hatte, weil er den 50. doch nicht erleben werde. Anfangs Juli ergriff den kräftigen Mann ein Unwohlsein, welches er in seiner Pflichttreue mehrere

Tage lang nicht beachtete, um in seinen Berufsgeschäften nicht gestört zu werden. Bereits heftig vom Fieber geschüttelt, hatte er noch eine lange und angreifende Conferenz mit einem hochgestellten Staatsmanne, nach deren Beendigung seine Kräfte völlig erschöpft waren. Ein Nervenfieber warf ihn auf's Krankenlager, von welchem er nach Gottes unerforschlichem Rathschlusse nicht wieder sich erheben sollte. Am 16. Juli, Abends 8 Uhr, verschied er zu einem besseren Leben.

Fassen wir unsere Mittheilungen über das Leben und Wirken des Verstorbenen schließlich noch zu einem Gesammtbilde zusammen, so können wir uns zunächst der Wahrnehmung nicht verschließen, daß mit Pernice einer der hervorragendsten Rechtsgelehrten der Gegenwart aus dieser Zeitlichkeit geschieden ist. Sein Verlust für die Wissenschaft ist in der That ein unersetzlicher, das haben nicht bloß seine Freunde ausgesprochen, sondern auch seine politischen und wissenschaftlichen Gegner haben dies auf das Bestimmteste anerkannt. So ließ sich z. B. von dieser Seite her kurz nach seinem Tode eine Stimme in der „Augsburger Allgemeinen Zeitung" vernehmen, welche in diesem Sinne unserem Pernice ein rühmliches Denkmal setzte. „Nicht die politische Partei", so hieß es, „es ist die Wissenschaft, die in dem Zeitraume weniger Wochen den Verlust zweier so bedeutender Gelehrten, wie Pernice und Stahl, zu beklagen hat. Welch' traurigem Schicksal gingen unsere Hochschulen entgegen, wenn die Verdienste der beiden hervorragendsten Lehrer nicht mehr volle Anerkennung finden sollten! Ja, eine reiche Saat von Talenten und Kenntnissen

hat man mit ihnen zu Grabe getragen, und die Mittelmäßigkeit allein kann sich gleichgültig zeigen bei einem solchen
Verluste."

Und worin bestand diese große Bedeutung Pernice's
für die Rechtswissenschaft? Es giebt wenige Publicisten von
seinem Ruf und seinem wissenschaftlichen Ansehen, wir behaupten, es giebt überhaupt keinen Publicisten, der an Gelehrsamkeit und Autorität in officiellen und nicht officiellen
Kreisen unserem Pernice auch nur entfernt ebenbürtig wäre
und doch so wenige größere publicistische Werke hinterlassen
hätte wie dieser; die eigentliche Bedeutung von Pernice
darf daher nicht in seiner Thätigkeit als gelehrter Schriftsteller gesucht werden, wenigstens nicht in dem Umfange, welchen er dieser Thätigkeit gegeben hat. Dagegen ist der
innere Werth der von Pernice gelieferten größeren und
kleineren publicistischen Arbeiten ein so hervorragender, daß
sie von den Vertretern der Wissenschaft überall als Meisterwerke ersten Ranges anerkannt sind. Das gewaltige wissenschaftliche Material, welches Pernice mit einer Sicherheit
beherrschte, die ihn den bedeutendsten jener gelehrten Reichspublicisten, einem J. J. Moser, Schmauß und Pütter ebenbürtig zur Seite stellte, sein meisterhaftes Talent der Darstellung, durch welches er diese sämmtlichen Reichspublicisten,
etwa mit Ausnahme von Pütter, so wie auch die meisten
neueren Publicisten, weit übertraf, geben sogar den kleineren
seiner publicistischen Arbeiten eine Bedeutung, welche sie zu
wahren Fundgruben für die Wissenschaft erheben, weit hinaus über die Grenzen des speciellen Gegenstandes, welcher
darin behandelt wird. Dies gilt namentlich von den Rechts-

gutachten, welche Pernice im Auftrage regierender und mediatisirter Familien angefertigt hat. Aehnlich wie die deutsche Wissenschaft darüber einig ist, daß das Werk von Pütter über die Mißheirathen deutscher Fürsten und Grafen unter diesem verhältnißmäßig unscheinbaren Titel werthvollere Aufschlüsse über die wichtigsten Gegenstände des deutschen Staats- und Privatfürstenrechts enthält, wie andere Arbeiten dieses großen Publicisten, welche diesen letzteren Disciplinen unmittelbar gewidmet waren, läßt sich auch von derartigen Arbeiten unseres Pernice behaupten, daß sie wichtigere und zuverlässigere Beiträge für das deutsche Staatsund Fürstenrecht enthalten, wie viele umfangreiche Werke, welche beides unmittelbar zum Gegenstande haben.

Pernice befolgte stets den Satz, welchen bereits Thibaut namentlich allen juristischen Schriftstellern empfiehlt, daß sie nämlich der Biene gleich den gefundenen Honig nebst dem Wachs in den Korb eintragen sollten, aber nicht zugleich auch die ausgesogene Blume.

So groß daher auch der wissenschaftliche Werth der publicistischen Arbeiten von Pernice ist, so läßt sich nicht in Abrede stellen, daß andere Publicisten von größerer Fruchtbarkeit, wie er, gewesen sind. Wir haben bereits angedeutet, daß die Erklärung für diese Thatsache ausschließlich in seinen ausgedehnten Berufsgeschäften und zugleich in dem Umstande zu suchen ist, daß ihn stets die umfangreichsten Arbeiten in seiner Eigenschaft als Rechtsconsulent so vieler regierender und mediatisirter deutscher Fürstenhäuser beschäftigten. Die Arbeitskraft des Mannes muß in der That bewunderungswürdig gewesen sein, daß er neben dieser um-

3

fangreichen Thätigkeit als Curator der Universität und als Anwalt des deutschen Fürstenstandes, zu welcher sich noch seine Wirksamkeit als Universitätslehrer und später auch als Kronsyndikus und Mitglied des Herrenhauses gesellte, überhaupt noch Zeit und Muße zu publicistischer Thätigkeit fand. Stahl pflegte darüber zu klagen, daß Pernice keine Muße fände, ein Privat-Fürstenrecht zu schreiben, eine Arbeit, welche um so verdienstlicher gewesen sein würde, als kaum eine brauchbare Arbeit dieser Art vorhanden ist, und es so leicht nicht einen zweiten Gelehrten in Deutschland gegeben hat, welcher zu derselben befähigter und legitimirter gewesen wäre, wie gerade Pernice. Aber leider ließen ihn seine bedeutenden Geschäfte nicht zur Ausführung dieser Arbeit gelangen, so sehr er dies auch selbst wünschte. — Ja, die „Augsburger Allgemeine Zeitung" hat Recht: Eine reiche Saat von Talenten und Kenntnissen ist mit Pernice zu Grabe getragen worden; ein Privat-Fürstenrecht, wie er es hätte schreiben können, wird so leicht kein Anderer schreiben, und eben so wenig kein solches deutsches Staats- und Bundesrecht, kein solches preußisches Staatsrecht, über welche Gegenstände er sicherlich unter allen Zeitgenossen die gründlichsten und umfangreichsten Kenntnisse besaß.

Die hervorragendste Bedeutung von Pernice beruht, wie hieraus hervorgeht, nicht in seinen schriftstellerischen Leistungen, so bedeutend diese auch sind, sondern in dem großen Einfluß, den er durch seine Kenntnisse und Erfahrungen auf die Rechtsverhältnisse des deutschen Fürstenstandes lange Jahre hindurch geübt hat. Pernice galt nun

einmal, und zwar mit vollem Recht, in den fürstlichen Kreisen für die erste Autorität in Sachen des deutschen Staats-
und Privat-Fürstenrechts; sein unbeugsamer Rechtssinn war
allgemein anerkannt, und sein Wort war daher in den wichtigsten praktischen Fragen, welche im Laufe der Zeit auf
diesem Gebiete zur Entscheidung kamen, gewichtiger, als
vielleicht jemals das Wort eines anderen deutschen Publicisten gewesen ist.

Fast nicht minder groß aber war seine Bedeutung als
Universitätslehrer. Namentlich konnte es keinen an-
regenderen Staatsrechtslehrer geben wie Pernice.
Sein umfangreiches Wissen, die große Klarheit des Vor-
trags, welche aus der vollständigen Beherrschung des Stof-
fes hervorging, führten den Zuhörer sofort mitten in das
Verständniß des Gegenstandes ein, und die meisterhafte Art
seiner geschichtlichen Entwicklung, seine ruhige und scharfe
Logik gegen alles Unwahre und politisch Krankhafte brachten
es dahin, daß der Zuhörer unwillkürlich auf die Höhe einer
festen conservativen Auffassung gelangte, von der aus eine
richtige Würdigung der von Pernice in ihrer ganzen
inneren Hohlheit und geschichtlichen Unwahrheit geschilderten
Theorieen des Liberalismus und der Demokratie keine
Schwierigkeiten machte. *) Pernice besaß allerdings nicht
die Gabe, wie Stahl, den Kampf mitten in das Gebiet
des Gegners zu verlegen und durch große allgemeine Prin-

---

*) Eine große Anzahl hervorragender conservativer Männer in
Preußen verdankt daher Pernice ihre politische Richtung. So erwähnt auch Marcard in seinen „vermischten Schriften", daß Pernice
zuerst ihm das klare Verständniß für eine conservative Lebensanschauung
eröffnet habe.

cipien die falschen Theorieen desselben zu widerlegen, es fehlte ihm dazu der philosophische Sinn und die dialektische Meisterschaft seines großen politischen und auch persönlichen Freundes; aber er besaß dafür das um so größere Talent, auf dem Wege der geschichtlichen Deduction die Wahrheit der von ihm aufgestellten Grundsätze auf das Ueberzeugendste darzuthun.

Diese Verschiedenheit in der Methode mußte nothwendig auch in Bezug auf die politischen Resultate zu Verschiedenheiten zwischen Stahl und Pernice führen, so sehr sie auch in den letzten großen Resultaten übereinstimmten. Stahl's philosophische Auffassung des Rechts wurzelte allerdings überall auf dem Boden der geschichtlichen Entwickelung, aber er betrachtete doch die politischen und gesellschaftlichen Institutionen zu sehr aus dem Gesichtspunkte seiner großen allgemeinen Theorieen, als daß er nicht hin und wieder das geschichtliche Recht hätte aus den Augen verlieren sollen. Umgekehrt aber übersah Pernice bei seiner streng historischen Auffassung des Rechts hin und wieder die neuen Keime, welche sich organisch entwickelt hatten, weil er seinen Blick zu ausschließlich auf das Bestehende gerichtet hatte. Aber von derartigen Einseitigkeiten ist auch das Leben der größten Männer nicht völlig frei, und dieser Vorwurf kann daher weder dem Ruhme Stahl's, noch dem Ruhme Pernice's den geringsten Flecken hinzufügen.

Pernice hatte in früherer Zeit eine gewisse Hinneigung zu dem Haller'schen Systeme, von dem Ancillon nicht ganz mit Unrecht sagte, daß es gewissermaßen die Scheidemünze zu dem Rousseau'schen Gesellschaftsvertrage sei. Die Haller'sche Theorie, die Entstehung der Staaten aus Verträgen zwischen dem Fürsten und den Ständen zu erklären, hat keineswegs die Geschichte überall auf ihrer Seite, so verdienstlich auch Haller's großes Werk über die Restauration der Staatswissenschaft im Uebrigen für die geschichtliche Rechtswissenschaft ist. Aber der praktische Staatsmann richtet in unseren Tagen allerdings blutwenig mit Haller'schen Theorieen aus, und auch Pernice war in späterer Zeit keineswegs noch ein so warmer Anhänger dieses Publicisten, wie ehedem.

Pernice pflegte zu sagen, für die innere Politik bestehe alle Staatsweisheit in dem Grundsatze: „Recht zu thun vom Throne bis zur Hütte", und auch für die auswärtige Politik komme man mit dem Recht weiter wie mit aller politischen Feinheit. Nach diesen Grundsätzen hat Pernice gehandelt sein Leben lang, und wo sich ihm irgend dazu eine Gelegenheit bot, hat er dieselben auch mit seinem Wort bezeugt. Man mag darüber streiten, ob diese Grundsätze für einen conservativen Staatsmann, welcher mitten hineingestellt ist in die allgemeine Verderbniß und ausgesetzt ist den schlauen Künsten und Ränken seiner Gegner, überall ausreichen, aber bezeichnend für den sittlichen Muth von Pernice ist es, daß er sie selbst in unsern Tagen als Richtschnur für das Wirken eines Staatsmannes aufzustellen wagte und sie selbst auf das Gewissenhafteste befolgte. — Uebrigens protestirte Pernice selbst dagegen, daß er ein eigentlicher Staatsmann sei, er wollte nur Jurist sein und dies war er in der That auch in ganz eminentem Sinne. Er war der letzte jener

großen, durch ihre Gelehrsamkeit und die Unabhängigkeit ihres
politischen Sinnes — welcher, unbeirrt um die Verlockungen
der Tagesmeinung, den durch die Ueberzeugung ihm gewie=
senen Weg geht — gewaltigen Reichspublicisten, und in
dem kleinen politischen Treiben unserer Tage fühlte er sich
daher auch von Hause aus unbehaglich. Das war auch
der Grund, weshalb ihm alle parlamentarische Thätigkeit
zuwider war, welcher er nur aus Treue und Liebe zu seinem
Könige und aus Interesse für die Sache der conservativen
Partei sich unterzog. — Die Jugendeindrücke von Pernice,
seine Lehr= und Wanderjahre fallen in eine Periode, wo
noch hin und wieder die Denk= und Anschauungsweise der
alten Reichszeit die Luft durchdrang. Die verheerenden
Wetter, welche seitdem die Luft durchzogen, haben auch die
letzten Reste dieser durch Gründlichkeit, Treue und Biederkeit
ausgezeichneten Zeit vertilgt, und eine Persönlichkeit, wie
Pernice es war, wird in dem Zeitalter der Aufklärung
und des Liberalismus voraussichtlich nicht wieder ge=
sehen werden.

Pernice gehörte in allen seinen Anschauungen und
Gewohnheiten, in seiner ganzen Denk= und Handlungsweise
einer älteren Zeit an. Davon zeugt auch seine wahrhaft
kindliche Frömmigkeit, die ihn durch sein ganzes Leben be=
gleitete, und welche, ohne daß er sich mit dem Dogma leb=
haft beschäftigte, auf einer tiefen christlichen Ueberzeugung
beruhte, welche er stets durch Wort und That bekundete. —
Selbst die edle gewinnende Höflichkeit, welche sich unter allen
Verhältnissen gleichblieb, die großartige Uneigennützigkeit, die
wahrhaft kindliche Pietät und Liebe zu seinem König, die

unerschütterliche Treue in seinem Berufe, in dem Verkehr mit seinen Freunden und in allen Verhältnissen finden sich in dieser Reinheit kaum noch bei den Kindern unserer Zeit. Pernice gehörte daher auch seinen Neigungen nach vorzugsweise einer vergangenen Zeit an, und er zog die kunstvollen Formen und selbst die solide Pracht derselben den modernen Schnörkeleien und dem modernen Flitterprunk vor. So schrieb er sehr bezeichnend im Jahre 1853: „Sie haben Recht — Leo's Wahl zum Prorector wäre vor 1848 nicht möglich gewesen. Gestern Abend habe ich mit ihm in Merseburg Seiner Majestät dem Könige alleruntertänigst aufgewartet. Er sah dabei nicht aus wie sein Zerrbild im neuesten Klabberadatsch! Der alte rothe Prorector= Mantel imponirt inmitten aller Uniformen und Orden, ähnlich wie der alte Kaisermantel im= ponirt haben mag unter neuem Glanz."

Pernice befand sich auf dem Höhepunkte seines Ruh= mes. Sein Ansehen bei dem deutschen Fürstenstande, im Herrenhause, zu dessen hervorragendsten und einflußreichsten Mitgliedern er gehörte, in der ganzen gelehrten Welt endlich, stand unerschütterlich fest, da ereilte ihn in der Fülle seiner Gesundheit ein plötzlicher Tod. Kummer und Schmerz über das Schicksal des Vaterlandes, des Königthums, des ge= schichtlichen Rechts, für welches er sein Leben hindurch ge= kämpft, haben seinen Tod beschleunigt, und seine große, nie= mals ermüdende Berufstreue war die unmittelbare Veran= lassung dieses Todes. Ihm folgte nach wenigen Wochen sein Freund und treuer Kampfgenosse Stahl, der noch in vollstem körperlichen Wohlsein die Trauerbotschaft von dem

Tode Pernice's empfing und in vollem Bewußtsein des großen Verlustes seinen tiefen Schmerz darüber kundgab. Stahl hob bei dieser Gelegenheit noch ausdrücklich hervor, daß die conservative Partei in Pernice einen ihrer ersten Führer verloren habe. Und solche Männer fehlen dieser Partei in einer Zeit, wo Alles sie zu verlassen scheint, wo die Mächtigen ihr den Rücken wenden und ihre Feinde, die Feinde der Kirche, des Königthums und des Rechts, zahlreicher und hartnäckiger, wie bisher, sie verfolgen! Aber soll sie deshalb verzweifeln und muthlos die von der Vorsehung ihr anvertraute Sache den Feinden preisgeben?

In dem berühmten Trauerspiele des Corneille sagt die Vertraute der Medea, da sie sieht, daß diese sich schlechterdings bis zum letzten Augenblicke gegen sie zur Wehr setzen will, zu ihr: „Sieh', dein Vater, dein Gemahl, dein Vaterland, die Welt selbst verläßt dich, was bleibt dir übrig?" Und Medea antwortet stolz: „Ich selbst!"

Möge auch die conservative Partei sich dieses stolze Wort zurufen! Sobald sie sich selbst nicht verläßt, wird auch Gott sie nicht verlassen, und trotz aller Verluste und Niederlagen ihre Sache, welche auch Seine Sache ist, doch schließlich zum Siege führen.

Friedrich Karl v. Savigny.

Ein Jahr ist beinahe verflossen, als die Trauerbotschaft er-
scholl, daß Friedrich Karl v. Savigny, das Haupt und
der Stifter jener juristischen Schule, welche nach ihm zuerst
mit Bewußtsein die „geschichtliche" genannt wurde, aus dieser
Zeitlichkeit abberufen sei. Schien es doch fast, als wenn die
Alles bewältigende Zeit über diesen Mann keine Gewalt be-
sitze. Wer ihn ein Jahr vorher noch gesehen hatte hier
unter den Linden wandeln, den hochgewachsenen 82jährigen
Greis mit der breiten freien Brust, das kluge, feine Haupt
ein wenig nach vorn gebeugt, aber festen Schrittes, der hätte
ihn für einen rüstigen Fünfziger halten können. Und dabei
dieses reiche geistige Leben bis in · das hohe Alter hinein!
Savigny hinterläßt ein leider unvollendet gebliebenes Werk
über das römische Recht, dessen Ausarbeitung ihn bis in die
letzten Lebensjahre hinein beschäftigte, und welches, was Gelehrsamkeit, Schärfe des Urtheils und Klarheit wie Eleganz
der Darstellung betrifft, in der gesammten juristischen Literatur
einzig dasteht*); ein würdiges Denkmal für dieses große,

---

*) Das Werk heißt: System des römischen Rechts, und es ist
von demselben der allgemeine Theil und ein Theil des Obligationen-
rechts veröffentlicht worden. Die beiden das Obligationenrecht betreffen-
den Bände erschienen 1853. Professor Maassen zu Graz theilte in einer
am 7. November v. J. zu Ehren Savigny's gehaltenen Gedächtniß-
rede mit, daß Savigny ihm erzählt habe, bei Ausarbeitung des folgenden Bandes habe sich plötzlich eine große Müdigkeit eingestellt; er

der Wissenschaft geweihte Leben, das begonnen wurde mit
einem andern Meisterwerke, jener Abhandlung über das
Recht des Besitzes, welches alle bisherigen Forschungen be-
seitigte und für diesen weit über das juristische Gebiet hin-
ausreichenden Gegenstand völlig neue Bahnen eröffnete.

Wir können hier auf die wissenschaftlichen Leistungen
S a v i g n y ' s nicht genauer eingehen, als der im Vorwort
angegebene Zweck dieser Schrift gestattet. Deshalb beschränken wir uns darauf, die Grundzüge seines Lebens und Wir-
kens unseren Lesern vorzuführen. Charakteristisch ist es, daß
der größte deutsche Dichter und der größte deutsche Jurist,
welche auch im Uebrigen manche Züge, dieselbe classische
Ruhe und maßhaltende Vornehmheit mit einander theilen,
dieselbe Vaterstadt haben. S a v i g n y wurde, wie Goethe,
zu Frankfurt a. M. geboren, am 21. Februar 1779. Er
gehörte einer adeligen und wohlhabenden Familie an, welche
vor 150 Jahren von Lothringen nach Deutschland ausgewan-
dert war und mehrere hervorragende Männer bereits zu den
Ihrigen zählte. S a v i g n y ' s Vater, welcher nach Ausweis
der Frankfurter Tauf- und Geburtsregister Vertreter mehrerer
Fürsten des oberrheinischen Kreises in Frankfurt war, wandte
auf die Ausbildung des vielversprechenden Knaben große
Sorgfalt. Dieser bezog bereits im 16. Lebensjahre die Uni-

---

habe daher den Entschluß gefaßt, mehrere Wochen mit der Arbeit ganz
auszusetzen, aus den Wochen seien aber Jahre geworden. Auf die
Aeußerung Maaßen's, daß S a v i g n y die Arbeit noch wieder aufnehmen
werde — es war im Jahre 1859 — habe dieser mit freundlichem
Lächeln den Kopf geschüttelt. S a v i g n y hatte sich damals bereits mit
Ergebung in den Gedanken gefunden, daß Gott seinem Wirken ein
Ziel gesetzt habe.

verfität Marburg, wo er namentlich von dem Profeſſor Weiß in das Studium des römiſchen Rechts eingeführt wurde. Am 31. October 1800 wurde Savigny zum Doctor der Rechte promovirt und die bei dieſer Gelegenheit geſchriebene Inaugural=Diſſertation: „De concursu delictorum formali", verrieth bereits den ſpäteren Meiſter. Savigny war dann nach einander in Marburg und Landshut als juriſtiſcher Docent thätig, bis er 1810 einen Ruf als Profeſſor nach Berlin erhielt. Bereits im Jahre 1803 ver= öffentlichte er ſein berühmtes Werk über das Recht des Beſitzes. — Wir haben ſchon angedeutet, daß vielleicht in der ganzen juriſtiſchen Literatur kein zweites, in gleicher Weiſe epochemachendes Werk aufzuweiſen iſt. Savigny weiſt nach, daß der Beſitz kein rechtliches, ſondern ausſchließlich ein factiſches Verhältniß ſei und als ſolches auch bereits bei den Römern gegolten habe. Von den vielen Rechtswirkungen, welche dem Beſitze bis dahin nach römiſchem Rechte beigelegt zu werden pflegten, könnten nur die Beſitzklagen (Interdicte) und das Recht der Erſitzung mit einem Anſchein von Berechti= gung als ſolche betrachtet werden; aber auch dieſe weiſen, wie Savigny mit großem Scharfſinn nachgewieſen hat, auf eine ſolche rechtliche Natur des Beſitzes nicht hin. In der That, eine möglichſt unbequeme Theorie für manche Ge= walthaber unſerer Tage;· denn, auf das Gebiet des Staats= rechts übertragen, bedeutet ſie nichts anderes, als das Princip der Legitimität. — Das Buch über den Beſitz hat ſechs Auflagen erlebt (etwas Unerhörtes für eine juriſtiſche Mono= graphie) und gilt noch heute nach Inhalt und Form als ein Meiſterſtück juriſtiſcher Darſtellungsweiſe. Von vielen Seiten ist der Versuch gemacht worden, Savigny zu widerlegen; aber diese Versuche haben wenig Glück gemacht; seine Auffassung über das Recht des Besitzes steht im Wesentlichen noch heute siegreich und unerschüttert da.

Ein anderes hervorragendes Werk von Savigny ist seine Geschichte des römischen Rechts im Mittelalter, deren Erscheinen bereits in die Zeit seines Berliner Aufenthalts fällt. Der Verfasser spricht sich über den Plan dieses Werkes in der Vorrede unter Anderm wie folgt aus: „Nichts ist anziehender in aller Geschichte, als die Zeiten, in welchen die Kräfte und Anlagen verschiedener Nationen zu neuen lebendigen Bildungen zusammenwachsen. Solche Zeiten der Wiedergeburt sind das Ursprünglichste in der urkundlichen Geschichte, da die erste Bildung der Völker über dieselbe hinausreicht. Durch Entdeckung eines solchen Zusammenhanges ist es Niebuhr möglich geworden, in das Geheimniß römischer Größe tiefere Blicke zu thun, als in der Zeit der gebildeten römischen Literatur den Römern selbst vergönnt war. Eine schaffende Zeit solcher Art aber ist auch das Mittelalter, für uns doppelt wichtig und anziehend, weil die Erkenntniß unseres eigenen Zustandes nur aus diesem Boden erwachsen kann. Daß die Bildung des neueren Europa gemischt ist aus verschiedenen Grundtheilen, meist römischen und germanischen, kann keiner verkennen; im Süden und Westen ist es der Volksstamm selbst und mit ihm die Sprache. Aber die Art und die Gründe dieser Mischung sind noch wenig untersucht, so fruchtbar und lehrreich der glückliche Erfolg jeder solchen Untersuchung nothwendig sein muß. Gerade für den Theil dieser Aufgabe, welcher hier

aufgefaßt wird, ist am wenigsten geschehen, und diese Ein-
samkeit, worin sich der Verfasser bei seinen Forschungen befunden hat, mußte dem Erfolg große Schwierigkeiten in den
Weg legen." Wennschon S a v i g n y mit allen diesen Schwierigkeiten zu kämpfen hatte, welche einer sich bahnbrechenden
neuen wissenschaftlichen Disciplin entgegenstehen, so hat sein
Werk dennoch bereits einen Grad der Vollendung erreicht,
daß die hervorragendsten deutschen Rechtshistoriker neuester
Zeit, wie W a l t e r, Z ö p f l und v. D a n i e l s, noch in
diesem Augenblick auf dem Boden der darin verarbeiteten
Forschungen stehen, so groß auch die Anstrengungen sind,
welche seitdem der deutschen Rechtsgeschichte zugewandt wurden. Es hat freilich nicht an hin und wieder blendenden
Versuchen gefehlt, einen von den Forschungen S a v i g n y's
abweichenden Weg zu verfolgen, wie dies z. B. von R o t h
in seiner G e s c h i c h t e d e s B e n e f i c i a l w e s e n s geschieht.
Aber die Vertreter der Wissenschaft sind immer wieder sehr
bald zu der Ueberzeugung gelangt, daß das, was man Anfangs für ächte Edelsteine hielt, nur täuschende Imitationen
waren, und daß die Arbeiten S a v i g n y's und seines gleichgesinnten Freundes E i c h h o r n für jede Bearbeitung der
deutschen Rechtsgeschichte, welche auf der Höhe der Wissenschaft zu stehen beabsichtigt, noch heute die unvermeidliche
Grundlage sein müssen.

In nicht juristischen Kreisen ist eine kleinere, aber höchst
bedeutende Schrift S a v i g n y's am meisten bekannt, welche
1814 in Berlin kurz vor dem soeben erwähnten Werke erschien
und den Titel führt: U e b e r d e n B e r u f u n s e r e r Z e i t
f ü r G e s e t z g e b u n g u n d R e c h t s w i s s e n s c h a f t. Wegen

dieses Werkes hat Savigny von liberaler und demokratischer Seite viele Anfeindungen zu erdulden gehabt, da er darin unserer Zeit den Beruf zur Gesetzgebung abspricht. Freilich enthält dieses Urtheil viel mehr ein Lob wie einen Tadel. Savigny führt nämlich aus, daß nur alte Völker, welche alle Productionskraft für die Rechtsbildung verloren, zur Codification ihres Rechts befähigt seien. Dies wird namentlich an dem römischen Rechte nachgewiesen, dessen Codification erst zu einer Zeit gelang, wo das Volk seine Fähigkeit für die Weiterbildung des Rechts längst verloren hatte. Das deutsche Volk dagegen hat seine Rechtsentwickelung noch nicht abgeschlossen und seine Fähigkeit dafür noch nicht verloren, und deshalb warnt Savigny bei uns vor unnatürlichen und unzeitgemäßen Codificationen, deren Erfolg nur sein könne, alles freie und frische Rechtsleben im Volke gewaltsam zu unterdrücken und zugleich zu dem gefährlichen Irrthum zu verleiten, daß mit dem Paragraphen auch das Recht gemacht sei. Das Buch, reich an großen und geistreichen Gedanken, bietet namentlich in unseren Tagen ein lebhaftes Interesse, wo man ohne Aufhören das formale Recht mit dem wirklichen und historischen Rechte verwechselt und durch endlose Gesetzesfabrikationen nach sogenannten Zweckmäßigkeits-Theorieen, durch Absolutismus von unten oder von oben die Wohlfahrt der Völker begründen zu können glaubt.

Von höchstem Interesse ist namentlich der nachfolgende Abschnitt über die „Entstehung des positiven Rechts", weil darin die Ansichten Savigny's über Recht und Gesetz mit großer Schärfe entwickelt sind:

„Wir befragen zuerst die Geschichte, wie sich bei Völkern edler Stämme das Recht wirklich entwickelt hat; dem Urtheil, was hieran gut, vielleicht nothwendig oder aber tadelnswerth sein möge, ist damit keineswegs vorgegriffen.

Wo wir zuerst urkundliche Geschichte finden, hat das bürgerliche Recht schon einen bestimmten Charakter, dem Volk eigenthümlich, so wie seine Sprache, Sitte, Verfassung. Ja diese Erscheinungen haben kein abgesondertes Dasein, es sind nur einzelne Kräfte und Thätigkeiten des einen Volkes, in der Natur untrennbar verbunden und nur unserer Betrachtung als besondere Eigenschaften erscheinend. Was sie zu einem Ganzen verknüpft, ist die gemeinsame Ueberzeugung des Volkes, das gleiche Gefühl innerer Nothwendigkeit, welche allen Gedanken an zufällige und willkürliche Entstehung ausschließt.

Wie diese eigenthümlichen Functionen der Völker, wodurch sie selbst erst zu Individuen werden, entstanden sind, diese Frage ist auf geschichtlichem Wege nicht zu beantworten. In neueren Zeiten ist die Ansicht herrschend gewesen, daß Alles zuerst in einem thierähnlichen Zustande gelebt habe und von da durch allmähliche Entwicklung zu einem leiblichen Dasein bis endlich zu der Höhe gekommen sei, auf welcher wir jetzt stehen. Wir können diese Ansicht unberührt lassen und uns auf die Thatsache jenes ersten urkundlichen Zustandes des bürgerlichen Rechts beschränken. Wir wollen versuchen, einige allgemeine Züge dieser Periode darzustellen, in welcher das Recht wie die Sprache im Bewußtsein des Volkes lebt.

Diese Jugendzeit der Völker ist arm an Begriffen, aber sie genießt ein klares Bewußtsein ihrer Zustände und Ver=

hältniſſe, ſie fühlt und durchlebt dieſe ganz und vollſtändig,
während wir, in unſerem künſtlich verwickelten Daſein, von
unſerem eigenen Reichthum überwältigt ſind, anſtatt ihn zu
genießen und zu beherrſchen. Jener klare, naturgemäße Zu-
ſtand bewährt ſich vorzüglich auch im bürgerlichen Rechte,
und ſo wie für jeden einzelnen Menſchen ſeine Familienver-
hältniſſe und ſein Grundbeſitz durch eigene Würdigung bedeutender werden, ſo iſt aus gleichem Grunde möglich, daß
die Regeln des Privatrechts ſelbſt zu den Gegenſtänden des
Volksglaubens gehören. Allein jene geiſtigen Functionen
bedürfen eines körperlichen Daſeins, um feſtgehalten zu werden. Ein ſolcher Körper iſt für die Sprache ihre ſtete,
ununterbrochene Uebung, für die Verfaſſung ſind es die ſicht-
baren öffentlichen Gewalten, was vertritt aber dieſe Stelle
bei dem bürgerlichen Rechte? In unſeren Zeiten ſind es
ausgeſprochene Grundſätze, durch Schrift und mündliche Rede
mitgetheilt. Dieſe Art der Feſthaltung aber ſetzt eine bedeutende Abſtraction voraus und iſt darum in jener jugendlichen Zeit nicht möglich. Dagegen finden wir hier überall
ſymboliſche Handlungen, wo Rechtsverhältniſſe entſtehen oder
untergehen ſollen. Die ſinnliche Anſchaulichkeit dieſer Handlungen iſt es, was äußerlich das Recht in beſtimmter Ge-
ſtalt feſthält, und ihr Ernſt und ihre Würde entſpricht der
Bedeutſamkeit der Rechtsverhältniſſe ſelbſt, welche ſchon als
dieſer Periode eigenthümlich bemerkt worden iſt. In dem
ausgedehnten Gebrauch ſolcher förmlicher Handlungen kommen z. B. die germaniſchen Stämme mit den altitaliſchen
überein, nur daß bei dieſen letzten die Formen ſelbſt beſtimmter und geregelter erſcheinen, was mit den ſtädtiſchen

Verfassungen zusammenhangen kann. Man kann diese förm-
lichen Handlungen als die eigentliche Grammatik des Rechts
in dieser Periode betrachten, und es ist sehr bedeutend, daß
das Hauptgeschäft der älteren römischen Juristen in der Er-
haltung und genauen Anwendung derselben bestand. Wir
in neueren Zeiten haben sie häufig als Barbarei und Aber-
glauben verachtet, und uns sehr groß damit gedünkt, daß
wir sie nicht haben, ohne zu bedenken, daß auch wir überall
mit juristischen Formen versorgt sind, denen nur gerade die
Hauptvortheile der alten Formen abgehen, die Anschaulichkeit
nämlich und der allgemeine Volksglaube, während die unsri-
gen von Jedem als etwas Willkürliches und darum als eine
Last empfunden werden. In solchen einseitigen Betrachtungen früher Zeiten sind wir den Reisenden ähnlich, die in
Frankreich mit großer Verwunderung bemerken, daß kleine
Kinder, ja ganz gemeine Leute recht fertig französisch reden.

Aber dieser organische Zusammenhang des Rechts mit
dem Wesen und Charakter des Volkes bewährt sich auch im
Fortgang der Zeiten, und auch hierin ist es der Sprache
zu vergleichen. So wie für diese, giebt es auch für das
Recht keinen Augenblick eines absoluten Stillstandes, es ist
derselben Bewegung und Entwickelung unterworfen, wie jede
andere Richtung des Volkes, und auch diese Entwickelung
steht unter demselben Gesetz innerer Nothwendigkeit, wie jene
früheste Erscheinung. Das Recht wächst also mit dem Volke
fort, bildet sich aus mit diesem und stirbt endlich ab, so wie
das Volk seine Eigenthümlichkeit verliert. Allein diese innere
Fortbildung auch in der Zeit der Cultur hat für die Betrachtung eine große Schwierigkeit. Es ist nämlich oben

behauptet worden, daß der eigentliche Sitz des Rechts das gemeinsame Bewußtsein des Volkes sei. Dieses läßt sich z. B. im römischen Rechte für die Grundzüge desselben, die allgemeine Natur der Ehe, des Eigenthums u. s. w. recht wohl denken, aber für das unermeßliche Detail, wovon wir in den Pandekten einen Auszug besitzen, muß es Jeder für ganz unmöglich erkennen. Diese Schwierigkeit führt uns auf eine neue Ansicht der Entwickelung des Rechts. Bei steigender Cultur nämlich sondern sich alle Thätigkeiten des Volkes immer mehr, und was sonst gemeinschaftlich betrieben wurde, fällt jetzt einzelnen Ständen anheim. Als ein solcher abgesonderter Stand erscheinen nunmehr auch die Juristen. Das Recht bildet sich nunmehr in der Sprache aus, es nimmt eine wissenschaftliche Richtung, und wie es vorher im Bewußtsein des gesammten Volkes lebte, so fällt es jetzt dem Bewußtsein der Juristen anheim, von welchen das Volk nunmehr in dieser Function repräsentirt wird. Das Dasein des Rechts ist von nun an künstlicher und verwickelter, indem es ein doppeltes Leben hat, einmal als Theil des ganzen Volkslebens, was es zu sein nicht aufhört, dann als besondere Wissenschaft in den Händen der Juristen. Aus dem Zusammenwirken dieses doppelten Lebensprincips erklären sich alle späteren Erscheinungen, und es ist nunmehr begreiflich, wie auch jenes ungeheure Detail ganz auf organische Weise, ohne eigentliche Willkür und Absicht, entstehen konnte. Der Kürze wegen nennen wir künftig den Zusammenhang des Rechts mit dem allgemeinen Volksleben das politische Element, das abgesonderte wissenschaftliche Leben des Rechts aber das technische Element desselben.

In verschiedenen Zeiten also wird bei demselben Volke das Recht natürliches Recht (in einem anderen Sinne als unser Naturrecht) oder gelehrtes Recht sein, je nachdem das eine oder das andere Princip überwiegt, wobei eine scharfe Grenzbestimmung von selbst als unmöglich erscheint. Bei republikanischer Verfassung wird das politische Princip länger als in monarchischen Staaten unmittelbaren Einfluß behalten können, und besonders in der römischen Republik wirkten viele Gründe zusammen, diesen Einfluß noch bei steigender Cultur lebendig zu erhalten. Aber in allen Zeiten und Verfassungen zeigt sich dieser Einfluß noch in einzelnen Anwendungen da, wo in engeren Kreisen ein oft wiederkehrendes gleiches Bedürfniß auch ein gemeinsames Bewußtsein des Volkes selbst möglich macht. So wird sich in den meisten Städten für Dienstboten und Miethwohnungen ein besonderes Recht bilden und erhalten, gleich unabhängig von ausdrücklichen Gesetzen und von wissenschaftlicher Jurisprudenz: es sind dieses einzelne Ueberreste der früheren allgemeinen Rechtsbildung. Vor der großen Umwälzung fast aller Verfassungen, die wir erlebt haben, waren in kleineren deutschen Staaten diese Fälle weit häufiger als jetzt, indem sich Stücke altgermanischer Verfassungen häufig durch alle Revolutionen hindurch gerettet hatten.

Die Summe dieser Ansicht also ist, daß alles Recht auf die Weise entsteht, welche der herrschende, nicht ganz passende Sprachgebrauch als Gewohnheitsrecht bezeichnet, d. h. daß es erst durch Sitte und Volksglauben, dann durch Jurisprudenz erzeugt wird, überall also durch innere, stillwirkende Kräfte, nicht durch die Willkür eines Gesetzgebers. Dieser

Zustand ist bis jetzt nur historisch aufgestellt worden; ob er löblich und wünschenswerth ist, wird die folgende Untersuchung zeigen. Aber auch als historische Ansicht bedarf dieser Zustand noch einiger näherer Bestimmungen. Zuerst ist dabei eine ganz ungestörte einheimische Entwickelung vorausgesetzt worden, der Einfluß früher Berührung mit fremdem Rechte wird weiter unten an dem Beispiel von Deutschland klar werden. Ebenso wird sich zeigen, daß allerdings ein theilweiser Einfluß der Gesetzgebung auf bürgerliches Recht, bald löblich, bald tadelnswerth, stattfinden kann. Endlich finden sich große Verschiedenheiten in den Grenzen der Gültigkeit und Anwendung des Rechts. Wie nämlich dasselbe Volk sich in viele Stämme verzweigt, Staaten sich vereinigen und zerfallen, so muß bald dasselbe Recht mehreren unabhängigen Staaten gemein sein, bald in verschiedenen Theilen desselben Staates, neben gleichen Grundzügen des Rechts, eine große Mannichfaltigkeit einzelner Bestimmungen gelten.

Unter den deutschen Juristen hat Hugo das große Verdienst, in den meisten seiner Schriften die herrschenden Ansichten gründlich bekämpft zu haben. Hohe Ehre gebührt auch hierin dem Andenken Möser's, der mit großartigem Sinn überall die Geschichte zu deuten suchte, oft auch in Beziehung auf bürgerliches Recht; daß dieses Beispiel den Juristen größtentheils unbemerkt geblieben ist, war zu erwarten, da er nicht zünftig war und weder Vorlesungen gehalten, noch Lehrbücher geschrieben hat."

Wir erwähnten bereits, daß Savigny im Jahre 1810 an die Universität Berlin als Professor für das römische Recht berufen wurde. Im Jahre 1816 ernannte ihn König

Friedrich Wilhelm III. in Anerkennung seiner Verdienste um die Wissenschaft zum Geheimen Justizrath und 1817 bei Gründung des Staatsraths zum Mitgliede dieser höchsten Behörde. Später erfolgte auch seine Ernennung zum Mitgliede des für die rheinischen Provinzen errichteten Revisionshofes und 1842 seine Ernennung zum Wirklichen Geheimen Rathe und demnächst zum Minister für die Gesetzesrevision. Der hochselige König beauftragte kurz vor 1848 Savigny mit dem Vorsitze im Staatsministerium und verlieh ihm den hohen Orden vom schwarzen Adler. Auch außerdem war er mit mehreren hohen in- und ausländischen Orden, namentlich auch mit der Friedensklasse des eisernen Kreuzes, geschmückt, und nach Humboldt's Tode wurde er von dem damaligen Prinz-Regenten zum Kanzler des Ordens pour le mérite für Wissenschaften und Künste ernannt. Die revolutionären Bewegungen des Jahres 1848 nöthigten Savigny nebst seinen damaligen Collegen, in den Ruhestand zu treten, und er lebte seitdem bis zu seinem Tode, fern von aller Politik, seinen wissenschaftlichen Forschungen. — Die trüben Eindrücke während der Revolutionszeit hatten in dem greisen Fürsten der Wissenschaft eine solche Abneigung gegen alle officielle Thätigkeit erweckt, daß er nicht einmal die Geschäfte als Mitglied des Staatsraths, so wie als Kronsyndikus und Mitglied des Herrenhauses, zu welcher Stellung ihn das besondere Vertrauen des hochseligen Königs berufen hatte, wahrnahm. —

Bevor wir über die amtliche Wirksamkeit Savigny's ein Wort sagen, haben wir noch über seine wissenschaftliche Thätigkeit einige nähere Mittheilungen zu machen. Namentlich erwähnen wir von ihm noch zwei hervorragende

Abhandlungen, welche beide ein besonderes politisches Interesse bieten. Die eine führt den Titel: Beitrag zur Geschichte des Adels im neueren Europa und findet sich in den Abhandlungen der Berliner Akademie von 1836; die andere hat die preußische Städteordnung zum Gegenstande und ist in Ranke's historischer Zeitschrift von 1832 abgedruckt. Ganz besonders aber ist die Zeitschrift für geschichtliche Rechtswissenschaft zu erwähnen, welche Savigny 1815 zu Berlin im Verein mit Eichhorn und Göschen gründete. Man muß dieser Zeitschrift eine welthistorische Bedeutung zuerkennen, da sie die Veranlassung für die Bildung einer Schule des historischen Rechts wurde und eine Reihe von Jahren hindurch den Mittelpunkt für die Bestrebungen dieser Schule bildete. Um Mißverständnissen zu begegnen, bemerken wir, daß die Bestrebungen für das historische Recht in Deutschland allerdings weit älter sind, als die Bildung einer historischen Rechtsschule, und namentlich auf dem Gebiete des öffentlichen Rechts, um von anderen hervorragenden Größen zu schweigen, lehrte bereits am Schluß des vorigen Jahrhunderts ein Mann die geschichtliche Rechtswissenschaft, der selbst unserem Savigny ebenbürtig war, wir meinen Stephan Pütter. Aber durch diese, wenn auch noch so hervorragenden Leistungen, war noch keine Schule für historisches Recht gegründet; dazu war erforderlich, daß erst der Gegensatz zu einer solchen mit Bewußtsein ausgesprochen wurde, daß, wie dies seit den Tagen der französischen Revolution geschah, das Bestehen alles positiven und geschichtlichen Rechts principiell geläugnet und der Versuch gemacht wurde, Staat und Gesellschaft nach willkürlichen Theorieen neu zu construiren. Man redete seitdem von einem sogenannten Vernunftrechte im Gegensatze zu dem historischen Rechte, und erst aus diesem bewußten Gegensatze heraus konnte der Gedanke zur Bildung einer Schule des geschichtlichen Rechts entstehen. Als Vorläufer derselben ist vorzugsweise Justus Möser zu betrachten. Der sprach bereits mit vollem Verständniß den einfachen und großen Gedanken aus: „Unsere Vorfahren waren auch keine Narren", und protestirte mit Geist und gründlichem Wissen gegen die Versuche, die mit dem Leben des Volkes auf das Engste verwachsene Rechtsordnung nach der „Vernunft" der augenblicklichen Tagesmeinung neu gestalten zu wollen. Er protestirte mit Nachdruck gegen die von der französischen Revolution in Umlauf gesetzten Theorieen, deren Signatur überall die nämliche war: schamloser Unglaube, raffinirte Genußsucht und bis zum Wahnwitz gesteigerter Eigendünkel. Aber trotz alledem wurde Justus Möser nicht der Stifter einer historischen Schule. Zunächst wohl deshalb nicht, weil er eben der erste gelehrte Jurist war, welcher mit politischem und socialem Verständniß die Grundsätze des historischen Rechts vertrat, dann aber auch deshalb nicht, weil er kein Gelehrter von Fach war und deshalb von der damaligen gelehrten Welt nicht für „zunftmäßig" angesehen wurde, so daß er aus diesem Grunde, ungeachtet des großen Einflusses, welchen er auf seine Zeitgenossen übte, in seiner Wirksamkeit auf das Mannichfachste behindert wurde. So wirkten äußere und innere Gründe zusammen, daß das wichtige Unternehmen, für die von Justus Möser bereits mit Bewußtsein verfolgten wissenschaftlichen Bestrebungen einen geistigen Mittelpunkt, eine

Schule zu begründen, erst seinem nicht minder großen Nachfolger gelang.

Die Bezeichnung „geschichtliche Schule" findet sich zum ersten Mal in einer Abhandlung, durch welche Savigny die erwähnte Zeitschrift für geschichtliche Rechtswissenschaft einleitet. Es heißt daselbst: — — „Die eine dieser Schulen ist durch den Namen der geschichtlichen hinlänglich bezeichnet; für die andere dagegen ist ein positiver Namen kaum zu finden möglich, indem sie in sich nur in dem Widerspruch gegen die erste eins ist, außerdem aber in den verschiedensten und widersprechendsten Formen auftritt und sich bald als Philosophie und Naturrecht, bald als gesunder Menschenverstand ankündigt. Wir wollen sie daher in Ermangelung eines anderen Ausdrucks die „ungeschichtliche Schule" nennen. Allein der Gegensatz dieser Juristenschulen kann nicht gründlich verstanden werden, so lange man den Blick auf diese unsere Wissenschaft beschränkt, da er vielmehr ganz allgemeiner Natur ist und mehr oder weniger in allen menschlichen Dingen, am meisten aber in Allem, was zur Verfassung und Regierung der Staaten gehört, sichtbar wird. Dieses also ist die allgemeine Frage: in welchem Verhältniß steht die Vergangenheit zur Gegenwart, oder das Werden zum Sein? Und hierüber lehren die Einen, daß jedes Zeitalter sein Dasein, seine Welt frei und willkürlich selbst hervorbringe, gut und glücklich, oder schlecht und unglücklich, je nach dem Maße seiner Einsicht und Kraft. In diesem Geschäfte sei auch die Betrachtung der Vorzeit nicht zu verachten, indem von ihr gelernt werden könne, wie sie sich bei ihrem Verfahren befunden habe; die Geschichte also

sei eine moralisch=politische Beispielsammlung.
Aber diese Betrachtung sei doch nur eine von vielen Hülfs=
kenntnissen, und das Genie könne auch ihrer wohl entrathen.
Nach der Lehre der Anderen giebt es kein vollkommen ein=
zelnes und abgesondertes menschliches Dasein; vielmehr, was
als einzeln angesehen werden kann, ist, von einer anderen
Seite betrachtet, Glied eines höheren Ganzen. So ist jeder
einzelne Mensch nothwendig zugleich zu denken als Glied
einer Familie, eines Volkes, eines Staates; jedes Zeitalter
eines Volkes als die Fortsetzung und Entwickelung aller ver=
gangenen Zeiten; und eine andere als diese Ansicht ist eben
deshalb einseitig und, wenn sie sich allein geltend machen
will, falsch und verderblich. Ist aber dieses, so bringt
nicht jedes Zeitalter für sich und willkürlich
seine Welt hervor, sondern es thut dies in un=
auflöslicher Gemeinschaft mit der ganzen Ver=
gangenheit. Dann also muß jedes Zeitalter etwas Ge=
gebenes anerkennen, welches jedoch nothwendig und frei zu=
gleich ist; nothwendig, in sofern es nicht von der besonderen
Willkür der Gegenwart abhängig ist; frei, weil es eben so
wenig von irgend einer fremden, besonderen Willkür (wie der
Befehl des Herrn an seinen Sclaven) ausgegangen ist, son=
dern vielmehr hervorgebracht von der höheren Natur des
Volkes als eines stets werdenden, sich entwickelnden Ganzen.
Von diesem höheren Volke ist ja auch das gegenwärtige
Zeitalter ein Glied, welches in jenem und mit jenem Ganzen
will und handelt, so daß, was von jenem Ganzen gegeben
ist, auch von diesem Gliede frei hervorgebracht genannt wer=
den darf. Die Geschichte ist dann nicht mehr bloß

Beispielsammlung, sondern der einzige wahre Weg zur Erkenntniß unseres eigenen Zustandes. Wer auf diesem geschichtlichen Standpunkte steht, urtheilt ferner über das entgegengesetzte Verfahren also. Es ist nicht etwa die Rede von einer Wahl zwischen Gutem und Schlechtem, so daß das Anerkennen eines Gegebenen gut, das Verwerfen desselben schlecht, aber gleichwohl möglich wäre. Vielmehr ist dieses Verwerfen des Gegebenen der Strenge nach ganz unmöglich, es beherrscht uns unvermeidlich, und wir können uns nur darüber täuschen, nicht es ändern. Wer sich so täuscht und seine besondere Willkür auszuüben meint, wo nur jene höhere gemeinsame Freiheit möglich ist, giebt seine edelsten Ansprüche selbst auf: ein Knecht, der sich einen König wähnt, da er ein freier Mann sein könnte."

Diese wichtigen Stellen enthalten das officielle Programm der von Savigny gestifteten historischen Schule, welche seitdem eine so wichtige Mission erfüllt hat. Savigny führt diese Ansichten demnächst noch weiter aus und wendet sie schließlich auf die Rechtswissenschaft an, welcher die Zeitschrift zunächst gewidmet war. Es geht aber aus dieser Mittheilung deutlich hervor, daß Savigny die Tragweite der von ihm ausgesprochenen Grundsätze sehr wohl kannte und keineswegs die Gültigkeit derselben auf das Privatrecht beschränken wollte, welches in seiner Zeitschrift nach ihnen behandelt werden sollte. Die Gründung der historischen Rechtsschule bezeichnet demnach auch für das ganze Gebiet des politischen und gesellschaftlichen Lebens eine neue Aera, eine Zeit des Kampfes zwar, aber zugleich auch der geistigen und sittlichen Erhebung, welche schließlich zum Siege

führen muß, zumal ihre Gegnerin, die nicht geschichtliche
Partei, wie dies bereits Savigny erkannte, aus den un=
gleichartigsten Bestandtheilen zusammengewürfelt und deshalb
ohne innere Lebensfähigkeit ist.

Es würde eine äußerst lohnende Aufgabe sein, die eigen=
thümliche Begabung Savigny's für geschichtliche Rechts=
wissenschaft im Einzelnen näher zu verfolgen, wennschon es
dabei an erheblichen Schwierigkeiten nicht fehlen würde. Es
hält schwer, bei Savigny den gelehrten Forscher von dem
Politiker und Staatsmann zu trennen, und man ist deshalb
leicht geneigt, ihn nur für das Erstere zu halten. Er ist
indeß auch das Letztere und sogar in ganz eminentem Sinne,
wennschon in einem anderen als derjenige, welcher gewöhn=
lich mit diesem Begriff verbunden wird. Allgemeine politi=
sche Theorieen, staatskluge Erörterung politischer Tages=
fragen sucht man in den Schriften Savigny's vergeblich,
und selbst Fragen des öffentlichen Rechts werden von ihm
niemals in eingehender Weise behandelt. Savigny ver=
stand es, wie alle wahrhaft bedeutenden Männer, sich zu
beschränken; er blieb stets Jurist im strengen Sinne des
Wortes; aber viele seiner Gedanken sind gleichwohl für die
Principien der conservativen Staatsmänner dieses Jahrhun=
derts und für ihr politisches Handeln wunderbar befruchtend
geworden. Er hatte ein richtiges Verständniß dafür, daß
die von ihm für richtig erkannten Grundgedanken, von denen
er bei der Behandlung seiner Wissenschaft ausging, auch für
jede politische und gesellschaftliche Ordnung die einzig sichern
Grundlagen seien: diese Wahrheit bekannte er häufig in be=
stimmten Worten, und noch mehr, sie ergab sich in vielen

Fällen als das letzte Resultat umfangreichster wissenschaft=
licher Forschungen. Das ist es, was wir so eben die
staatsmännische Bedeutung Savigny's nannten. *)

Von mehreren Seiten ist Savigny der Vorwurf ge=
macht worden, und namentlich thut dies auch Röllner in
seiner Schrift über das monarchische Princip, daß
ihm das richtige Verständniß für das deutsche Recht fehle,
und daß er die Bedeutung des römischen Rechts für unsere
Zustände auf Kosten des deutschen Rechts überschätze. Wir
müssen diesen Vorwurf indeß für einen durchaus ungerecht=
fertigten erachten. Savigny nahm allerdings, und zwar
mit vollem Rechte an, daß das römische Recht von den früh=
sten Zeiten an so innig mit unserer Rechtsentwickelung ver=
wachsen sei, daß es zu den Unmöglichkeiten gehöre, dasselbe
überall wieder davon loszureißen; er betrachtete dieses Recht
sogar wegen seiner äußern und innern Vollendung mit einer
gewissen Vorliebe, ohne jedoch dabei die große Bedeutung
des deutschen Rechts für alle oder doch die meisten unserer
Verhältnisse zu übersehen. Deßhalb beschäftigte ihn auch viel=
fach die Darstellung und Weiterbildung dieses Rechts, wie
namentlich seine Geschichte des römischen Rechts im Mittel=
alter, so wie seine Schriften über die Entstehung des Adels

---

*) Auf Savigny finden die Worte Cicero's über den römischen
Juristen Servius volle Anwendung: Optime constituti juris civilis
summo semper in honore fuit cognitio et interpretatio, quam
quidem ante hanc confusionem temporum in possessione sua
principes retinuerunt. Nunc ut honores, ut omnes dignitatis
gradus, sic hujus scientiae splendor deletus est; idque eo in-
dignius, quod eo tempore hoc contigerit, cum is esset, qui
omnes superiores, quibus honore par esset scientia facile vi-
cisset. (De offic. II, 19, 65.)

und über die preußische Städte-Ordnung darthun. Auch in andern Werken spricht er seine Ansicht in dieser Beziehung auf das Bestimmteste aus. So sagt er in seiner Schrift über den Beruf unserer Zeit zur Gesetzgebung: „Das germanische Recht hängt unmittelbar und volksmäßig mit uns zusammen und dadurch, daß die meisten ursprünglichen Formen wirklich verschwunden sind, dürfen wir uns hierin nicht irre machen lassen; denn der nationale Grund dieser Formen, die Richtung, woraus sie hervorgingen, überlebt die Formen selbst, und es ist nicht mehr zu bestimmen, wie viel an altgermanischen Einrichtungen, wie in Verfassung, so im bürgerlichen Recht, erweckt werden kann. Freilich nicht dem Buchstaben, sondern dem Geiste nach; aber den ursprünglichen Geist lernt man nur kennen aus dem alten Buchstaben." In bestimmterer Weise können wohl Vorwürfe, wie die oben erwähnten, nicht zurückgewiesen werden.

Was schließlich die amtliche Wirksamkeit Savigny's betrifft, namentlich seit dem Jahre 1842, wo ihm von dem hochseligen Könige die wichtige Stelle eines Justizministers für die Gesetzesrevision anvertraut worden war, so hat sich diese überall mit den Grundsätzen im Einklang befunden, welche er als Vertreter der Wissenschaft verkündigt hatte. Bei den wichtigsten Fragen der Gesetzgebung und der innern Politik war es sein rathender und ordnender Geist, welcher dem Könige zur Seite stand. Savigny war unbedingt die geistig hervorragendste Persönlichkeit des damaligen preußischen Cabinets, und wenn er auch nicht die eigentliche Seele desselben genannt werden kann, da er sich mit politischen Fragen, welche nicht eine streng juristische Seite boten, nur ungern befaßte, so war sein Einfluß doch, eben weil er von dem Könige in den wichtigsten Fragen ganz vorzugsweise zu Rath gezogen wurde, ein ganz bedeutender. Namentlich bediente sich der König in der wichtigen Frage wegen Reform der E h e = g e s e ß g e b u n g seines Beistandes, und die Verordnung vom 28. Juni 1844, welche den ersten Schritt auf dieser von dem Könige mit großem Ernst verfolgten Bahn bezeichnet, ist von S a v i g n y redigirt worden. Es beweist dieser Umstand hin= länglich, daß S a v i g n y auch in dieser Frage auf dem von der conservativen Partei in Preußen und namentlich auch von der Majorität des Herrenhauses noch heute ein= genommenen Standpunkte stand, was von hiesigen liberalen Blättern bestritten worden ist.

Ungeachtet dieser großen und erfolgreichen Thätigkeit S a v i g n y's für den Staat, welcher ihm ein zweites Vater= land geworden war, wollen wir nicht in Abrede stellen, daß es ihm an einem speciell preußischen Bewußtsein gefehlt haben mag. Darauf deutet auch wohl der Umstand hin, daß er seit dem Jahre 1848 von allen Geschäften und selbst von solchen, wozu ihn ein bestimmter Beruf verpflichtete, sich völlig fern hielt, wennschon er bis zu den letzten Monaten seines Lebens geistig und körperlich sich der besten Gesundheit erfreute. S a = v i g n y war überhaupt, gleich wie sein großer Landsmann Goethe, eine mehr universell angelegte Natur, so daß wir uns nicht darüber wundern dürfen, wenn der Patriotismus für sein neues Vaterland doch noch mehr in seinem Kopfe wie in sei= nem Herzen begründet war. Es kommt hinzu, um uns die Thatsache zu erklären, daß S a v i g n y von den Geschäften des Kronsyndikats und später auch des Staatsraths sich fern gehalten hat, daß er vor aller politischen Thätigkeit, wie er dies auch wiederholt seinen Freunden aussprach, stets eine erhebliche Abneigung hatte, dagegen die wissenschaftliche als seinen eigentlichen Beruf und als seine Lebensaufgabe betrachtete. Mag aber auch immerhin diese Zurückgezogenheit und politische Unthätigkeit, in welcher Savigny die letzten zwölf Jahre seines Lebens zubrachte, von patriotischem Standpunkte aus nicht vollständig gerechtfertigt werden können, so sind doch die Verdienste, welche dieser große Rechtsgelehrte als akademischer Lehrer und als Staatsmann um Preußen sich erworben hat, so hervorragender Natur, daß es schmählicher Undank sein würde, aus seinem Verhalten in den letzten Jahren seines Lebens ihm einen ernsteren Vorwurf machen zu wollen. Wir möchten vielmehr auf diese letzten Lebensjahre Savigny's das schöne Wort von La Bruyère anwenden: Il ne manque cependant à l'oisiveté du sage, qu'un meilleur nom, et que méditer, parler, lire et être tranquille, s'appellât travailler.

Auch in religiöser Beziehung gehörte Savigny einer streng positiven Richtung an. Er war Protestant, während seine Kinder der Religion seiner Frau, einer Katholikin, gefolgt sind. Sein Leben war ein christliches und gottesfürchtiges, und allsonntäglich erblickte man ihn in der Matthäuskirche als andächtigen Zuhörer des Generalsuperintendenten Büchsel. Auch sein Tod entsprach den christlichen Ueberzeugungen, zu welchen er sein Leben hindurch sich bekannt hatte. Er starb in christlicher Fassung und voll Hoffnung auf seinen Erlöser. Wenige Stunden vor seinem am 25. October erfolgten Tode noch ließ er seinen Lieblingsschüler, den Geheimen Justizrath und Professor Rudorff, rufen, damit dieser in seiner letzten Stunde bei ihm sei. Bei dem Eintreten desselben richtete er einige freundliche Worte an ihn und nahm herzlichen Abschied; dann bat er, daß Rudorff ihn umarmen möge. Einige Zeit darauf trat der langjährige Freund Savigny's, Professor Jakob Grimm, in das Sterbezimmer. Savigny reichte ihm lächelnd die Hand; er konnte schon nicht mehr reden. Bald darauf verschied er ohne Todeskampf. Sein Ende hatte, wie ein Augenzeuge uns sagte, nichts Schmerzliches; auch die letzte Function seines Lebens verlief organisch und machte den Eindruck ruhiger Größe, wie sein ganzes Leben. Gesegnet sei sein Andenken! Die irdische Hülle des großen deutschen Gelehrten wurde mit allen Ehren, welche sein Rang und sein Ruhm erforderten, zur Erde bestattet; aber sein Geist wird fortleben in seinen unsterblichen Werken und fortwirken für die Heilighaltung unseres von den Vätern ererbten Rechts, in allen Verhältnissen, von den Thronen bis zu den Hütten. Savigny's Name wird für alle Zeiten ein Panier sein, um welches sich alle diejenigen schaaren werden, welche die Revolution durch das geschichtliche Recht zu bekämpfen und zu besiegen gesonnen sind.

Friedrich Julius Stahl.

Als vor einigen Jahren sich in England die ganz unerwartete Trauerbotschaft verbreitete, daß Sir Robert Peel einem Unglücksfall erlegen sei, da durchzuckte das ganze Land ein Gefühl des tiefsten Schmerzes, alle Parteiunterschiede verstummten, und sämmtliche politische Journale wetteiferten darin, das Lob und den Ruhm des großen Todten zu verkünden. Es war ein Schauspiel, würdig eines großen und politisch hochgebildeten Volkes! — Englands größter Staatsmann seit den Tagen Burke's und Pitt's war nicht mehr, und jeder Engländer, welcher politischen Richtung er auch angehörte, hatte ein Bewußtsein dafür, daß dem Vaterlande fortan sein treuester und gewaltigster Streiter fehle, und daß der Ruhm, mit welchem derselbe eine Reihe von Jahren hindurch die ganze gebildete Welt erfüllt hatte, jetzt ein theures Vermächtniß sei, an welchem jeder seiner Mitbürger einen Antheil beanspruchen dürfe. Hat das preußische Volk ein eben so reifes politisches Urtheil, einen gleich starken Gemeinsinn bekundet, als vor wenigen Monaten einer unserer hervorragendsten Staatsmänner, Preußens erster politischer Redner durch einen plötzlichen Tod aus seiner ruhmvollen Wirksamkeit abberufen wurde? Wir wollen nicht ungerecht sein. Der bessere Theil der liberalen Presse bekundete allerdings, als im August v. J. sich die Nachricht von dem zu Brückenau, wohin er sich zum Zweck einer Badekur begeben hatte, er=

folgten Tode Stahl's verbreitete, ein Verständniß dafür,
daß es sich bei diesem Todesfalle noch um etwas Anderes
handle, als um den Verlust eines hervorragenden politischen
Gegners, welcher gerade jetzt um so erwünschter erscheinen
müsse, wo für die Sache des Liberalismus eine neue Aera
begonnen habe. Mehrere der bedeutenderen liberalen Journale
sprachen daher dem berühmten Redner und Staatsmanne,
dem hervorragenden Rechtsgelehrten und Universitätslehrer
ihre Anerkennung und selbst Bewunderung in mehr oder
weniger bestimmten Worten aus. Auch die ministerielle
Preußische Zeitung äußerte, daß einer der hervorragendsten
Männer Preußens verschieden sei, und daß an seinem offenen
Grabe alle Parteigegensätze schweigen müßten und nur von
seinen seltenen Verdiensten die Rede sein dürfe. „Stahl
ist parlamentarisch als Sieger gestorben", so schrieb ein anderes liberales Blatt. Das eingehendste Verständniß der
großen wissenschaftlichen und politischen Bedeutung Stahl's
bekundete indeß die Augsburger Allgemeine Zeitung.
Aus Veranlassung von Stahl's Tode wurde diesem liberalen Blatte, in gleichzeitiger Erinnerung an seinen kurz vorher heimgegangenen unvergeßlichen Collegen Pernice, Fol-
gendes aus Berlin geschrieben:

„Nicht die politische Partei, es ist die Wissenschaft,
die in dem Zwischenraume weniger Wochen den Verlust zweier
so bedeutender Gelehrten, wie Pernice und Stahl, zu
beklagen hat. Welch traurigem Schicksal gingen unsere Hochschulen entgegen, wenn die Verdienste der beiden hervorragenden Lehrer nicht mehr volle Anerkennung finden sollten!
Ja, eine reiche Saat von Talenten und Kenntnissen hat man

mit ihnen zu Grabe getragen und die Mittelmäßigkeit allein
kann sich gleichgültig zeigen bei einem solchen Verluste. — —
Stahl's ungewöhnliche Begabung, sein mächtiges und nach-
haltiges Rednertalent auf Katheder und Rednerbühne hat stets
unsere volle Bewunderung erweckt. Stahl war der an-
regendste Lehrer unserer Hochschule und der
erste Redner unserer Kammern. In beiden Stellungen vermag ihn vorläufig Niemand zu ersetzen, und schwer
kann sich der Freund der freien Universitätswissenschaft und
des parlamentarischen Lebens einer wehmüthigen Stimmung
erwehren Angesichts der zahlreichen Lücken, welche keine
neue Aera auszufüllen vermag." So urtheilte, wie gesagt,
der bessere und gebildetere Theil der liberalen Presse bei
dem Tode des großen politischen Gegners. Bereits ein
Jahr vor seinem Tode hatte die Times bei einer Gelegenheit, wo sie Stahl's politischen Standpunkt scharf bekämpfte,
die Aeußerung gethan, daß derselbe trotz alledem zur Zeit der
erste politische Redner in Europa sei. In der That, ein
merkwürdiges Zugeständniß in den Spalten eines großen
englischen Journals, welches von der mit Recht gepriesenen
parlamentarischen Befähigung seiner Landsleute sonst eine
übertrieben große Meinung kundzugeben, dagegen die parlamentarischen Größen des Continents mit vornehmer Gering-
schätzung zu behandeln pflegt! Jedenfalls aber dürfen wir
dies Urtheil als ein um so unverdächtigeres Zeugniß von
Stahl's gewaltigem Rednertalente betrachten. Und dessen
ungeachtet hatte die große Masse des preußischen Volkes bei
der Nachricht von Stahl's Tode nur ein dumpfes Gefühl
von dem unermeßlichen Verluste! —

Ein Gelehrter war dahin geschieden, dessen Namen
überall mit Bewunderung genannt wurde, und welcher dem
gerade von liberaler Seite mit besonderem Nachdrucke ver-
kündigten Ruhme, daß Preußen an der Spitze des geistigen
und wissenschaftlichen Lebens in Deutschland voranschreite,
in der Meinung der ganzen gebildeten Welt seinerseits eine
neue Stätte bereitet hatte; ein politischer Redner war für
immer verstummt, dessen mächtiges Wort wesentlich dazu beigetragen hatte, der parlamentarischen Rednerbühne Preußens
diesseit und jenseit des Oceans Ansehen und Achtung zu
verschaffen, und in allen jenen zahlreichen, halbgebildeten
Kreisen des preußischen Volkes äußerte sich, wie gesagt, kaum
etwas Anderes, als ein nur selten Worte findendes, ganz
unklares Gefühl von der großen Bedeutung des Dahinge-
schiedenen. Dagegen zeigte sich vielfach eine kaum verhüllte
Freude darüber, daß ein hervorragender politischer Gegner
den Kampfplatz habe verlassen müssen. Die Organe dieses
Publicums gaben diesem untergeordneten Standpunkte je nach
ihrer Befähigung in alberner oder boshafter Weise den leb-
haftesten Ausdruck. In der That ein bedenkliches Zeichen
für die politische Reife dieser Kreise, aus welchen namentlich
die unter dem nebelhaften Namen der „Fortschritts-
männer" bekannte Partei ihre Rekruten bezieht, und wenig
geeignet, dem preußischen Namen im Auslande und namentlich in dem politisch gebildeteren und tactvolleren England
Ehre und Anerkennung zu bereiten!

Wir haben hier nicht die Aufgabe, den Verdiensten
Stahl's um Staat und Wissenschaft, den großen Eigenschaften seines Geistes und Herzens eine Lobrede zu halten.

Sein Ruhm stand schon zu seinen Lebzeiten in der ganzen gebildeten Welt, unter den einsichtigen und redlich denkenden Männern aller Parteien unerschütterlich fest, und eine eingehende Würdigung seiner politischen und wissenschaftlichen Bedeutung gehört der Geschichte an. Aber wir betrachten es als eine Pflicht der Dankbarkeit, gerade jetzt, wo die politische Körperschaft, deren geistig hervorragendstes Mitglied er von der ersten Zeit ihres Bestehens an war und in welcher er so viele seiner Hauptschlachten geschlagen, so viele seiner politischen Siege erkämpft hat, allem Anscheine nach zu neuen und großen politischen Kämpfen berufen ist, das äußerlich so bescheidene und unscheinbare, aber in Wirklichkeit so gewaltige Leben Stahl's unseren Lesern in einigen allgemeineren Zügen vorzuführen.

Stahl wurde am 16. Januar 1802 zu München von jüdischen Eltern geboren. Sein Vater, der Kaufmann Valentin Heinrich Stahl, erkannte in dem Knaben sehr früh bereits die reiche Begabung und bestimmte ihn deshalb für die gelehrte Carriere. Deshalb besuchte derselbe das Gymnasium Lyceum und das philologische Institut seiner Vaterstadt, welches damals unter dem Hofrath Thiersch blühte, und bestand an diesem letztern auch bereits im Sommer 1819 den Concurs für das Lehramt an einem Gymnasium, zu welchem der Regel nach die dreijährige Studienzeit auf einer Universität für erforderlich erachtet wurde. Die große Schärfe des Urtheils und die beispiellose Leichtigkeit der Auffassung erregten bereits damals dem Knaben und Jüngling die Bewunderung seiner Lehrer und Mitschüler. Einige Monate später fällt das bedeutendste und für seine spätere Laufbahn

folgenreichste Ereigniß seines Lebens; er trat im Herbst desselben Jahres in Erlangen zum Christenthume über, worin
ihm vier Jahre später auch seine Eltern und Geschwister
folgten. Stahl studirte jetzt auf den Universitäten Würzburg, Heidelberg und Erlangen Jurisprudenz, nachdem er
seinen ursprünglichen Plan, sich dem Studium der Philologie
zu widmen, aufgegeben hatte. Im Jahre 1826 erlangte er
in Würzburg die juristische Doctorwürde und habilitirte sich
bereits ein Jahr später als Privat-Docent in seiner Vaterstadt München. Im Sommer 1832 folgte er einem Rufe
als außerordentlicher Professor nach Erlangen und im
Winter desselben Jahres einem Rufe als ordentlicher Professor für das römische Recht nach Würzburg. Doch
auch sein Aufenthalt in Würzburg war nicht von langer
Dauer. Bereits nach zwei Jahren erhielt Stahl eine
Professur für Staats- und Kirchenrecht in Erlangen, und
hier war es auch, wo er den ersten Grund zu der parlamentarischen Laufbahn legte, welcher er einen großen Theil
seines späteren Ruhmes verdankte. Die Universität Erlangen
entsandte ihn nämlich im Jahre 1837 als ihren Vertreter
nach München in die Ständeversammlung, wo er mit wenigen Gesinnungsgenossen, worunter namentlich einer seiner
nächsten Freunde, der vor einigen Jahren verstorbene Frei-
herr Hermann v. Rothenhahn, sich befand, neben einer
monarchisch-conservativen auch die evangelisch-kirchliche Richtung vertrat, welche er namentlich bei Gelegenheit des damals berathenen Ehescheidungs-Entwurfs zu bekunden Gelegenheit hatte. Indeß kam Stahl mit dem damaligen
bayerischen Ministerium über Fragen der Finanzverwaltung

und der finanziellen Rechte der Stände in Conflict, weshalb er auch seiner Professur des Staatsrechts enthoben und mit der Professur des Civilprocesses beauftragt wurde. Dies gewaltthätige Verfahren kränkte den Mann, welcher schon damals als ein Vorkämpfer für Recht und Königthum bezeichnet werden konnte, auf das Tiefste, und er faßte deshalb den Entschluß, einem ihm etwa zukommenden Ruf an eine auswärtige Universität jedenfalls zu folgen. Ein solcher ließ auch nicht lange auf sich warten. Stahl hatte durch seine zuerst im Jahre 1829 erschienene Rechtsphilosophie und außerdem durch ein hervorragendes Werk über die protestantische Kirchenverfassung sich in der gelehrten Welt bereits einen berühmten Namen erworben, und deshalb beschloß die Berliner Juristen-Facultät, nach dem Tode von Gans auf Savigny's Betrieb die Berufung Stahl's zu beantragen. Sowohl aus der Mitte der Facultät, so wie namentlich auch von Seiten des damaligen Cultusministers v. Altenstein, welcher als orthodoxer Hegelianer dem großen Gegner des Hegel'schen Systems, als welcher sich Stahl in seiner Philosophie des Rechts bekundet hatte, nicht hold sein konnte, wurden dieser Berufung indeß Anfangs erhebliche Schwierigkeiten entgegengestellt. Dieselbe erfolgte daher erst nach Altenstein's Tode im November 1840 und war von dem Ministerial-Director v. Ladenberg in Vertretung des Cultusministers unterzeichnet. Bald darauf traf Stahl in der Hauptstadt des Landes ein, welches ihm ein neues Vaterland werden sollte und dessen Dienste er länger als 20 Jahre seine glänzenden Geistesgaben als Staatsmann und als Universitätslehrer gewidmet hat. Stahl las

an der Berliner Universität Staatsrecht, Kirchenrecht und
Rechtsphilosophie und hielt außerdem abwechselnd Vorträge
über Geschichte der neueren Philosophie, parlamentarische
Verfassung und das Verhältniß zwischen Staat und Kirche.
Seine Vorlesungen waren die besuchtesten an der hiesigen
Universität, das sogenannte große Auditorium faßte in der
Regel nicht die große Zahl der Zuhörer. Dies gilt namentlich von seinen Vorlesungen über Staatsrecht. Es sind aber
auch wohl noch niemals staatsrechtliche Vorträge gehalten
worden, welche, neben der größten gelehrten Gründlichkeit, an
juristischer Schärfe, geistreicher Darstellungsweise und staats-
männischer Feinheit denjenigen Stahl's an die Seite gestellt werden könnten.

Als im Jahre 1845 der vereinigte Landtag zusammen-
berufen wurde, trat Stahl auch als politischer Schriftsteller auf. Er warnte gegen die Einführung einer ständischen Verfassung mit bloß berathenden Ständen und empfahl, getreu den in seiner Rechtsphilosophie ausgesprochenen und in seiner späteren politischen Laufbahn bekundeten
Grundsätzen, die Einführung einer Constitution. Freilich
verstand Stahl unter einer solchen Constitution etwas Anderes, als der vulgäre Liberalismus. Als in den Märztagen des Jahres 1848 die Wogen der Revolution in
Preußen hoch gingen und selbst viele der Besten wankten, da
sollte dies namentlich klar und zugleich der Beweis von ihm
geführt werden, wie unerschütterlich fest seine conservative
und monarchische Gesinnung stand. Dies geschah namentlich
durch vier Abhandlungen, welche Stahl in damaliger Zeit kurz
nach Gründung der „Neuen Preuß. Ztg." mit Unterschrift seines

Namens in derselben veröffentlichte. Dieselben waren über=
schrieben: Betrachtungen über die Revolution, das
Banner der Conservativen, die Frage der zwei
Kammern und das suspensive Veto. Diese Abhand=
lungen, welche damals in allen politischen Kreisen großes
Aufsehen erregten, wurden demnächst mit Hinzufügung einer
fünften: Was ist ein constitutioneller König? in
einer besonderen Schrift unter dem Titel: Die Revolution
und die constitutionelle Monarchie, von Stahl
herausgegeben. Die Vorrede enthält eine äußerst interessante
Stelle, worin sich Stahl über seinen politischen Standpunkt
ausspricht. Es heißt daselbst: „Daß man mein System in
weiten Kreisen als ein reactionäres bezeichnen wird, unter=
liegt mir keinem Zweifel. Wird doch die Ehre solcher Be=
zeichnung selbst denjenigen, welche seit Jahrzehnden redlich
mit allen ihren Kräften für die Zerstörung und die Massen=
herrschaft in Staat und Kirche gewirkt haben, bloß deshalb,
weil sie den letzten Schritt auf ihrer Bahn mitzumachen sich
sträuben, wie viel mehr muß sie denen zu Theil werden,
welche von Anbeginn und fortwährend für die Grundlagen
der Ordnung und Autorität einstanden, und in diesem Sinne
muß ich sie nicht bloß dulden, sondern ansprechen. Dagegen
weiß ich mich frei von Allem, was man in Wahrheit Reaction
oder Absolutismus nennen könnte. Mein constitutionelles
Bekenntniß ist nicht erst von den Märztagen. Ich habe
von 1830 bis 1837 in meinem größeren wissenschaftlichen
Werke, wie in meinen Vorlesungen, die constitutionelle Lehre
verkündigt. Ich habe in Bayern als Abgeordneter das ver=
fassungsmäßige Recht der Stände und das Interesse des

Landes vertreten. Ich habe in meinem neuen Vaterlande
Preußen gegen die Richtung, eine ständische Verfassung ein=
zuführen, mit Ausschließung des constitutionellen, und gegen
die Herabsetzung des ständischen Rechts auf bloßen Beirath,
wiederholt und insbesondere in einer Schrift von 1845 meine
Stimme abgegeben. Ich war immerdar — nach dem Aus=
druck des berühmten englischen Staatsmannes — Freund
einer männlichen, sittlichen und geordneten Freiheit. So be=
trachte ich denn auch die Ergebnisse der jetzigen Katastrophe
mit voller und aufrichtiger Zustimmung, soweit sie auf dem
gesetzlichen Ausbau unserer Institutionen, auf Oeffentlichkeit
der Verwaltung, auf Selbstregierung der verschiedenen Kreise
der Gesellschaft, auf Schutz der Person gegen Willkür der
Staatsgewalt, auf ein verständiges Maß der Preßfreiheit
und des Vereinsrechtes, auf Erhebung des Bürgerthums zu
einem starken Element der öffentlichen Ordnung hinausgehen.
— Aber auch meine alte conservative und monarchische
Gesinnung ist durch die Märztage keinen Augenblick wan=
kend geworden. Die revolutionäre Bewegung und ihr Er=
folg haben sie nicht widerlegt. Um sie zu widerlegen, müßte
die Bewegung erst eine bleibende Ordnung begründet und
einen befriedigenden Zustand ergeben haben. Aber von dem
Allem zeigt sich das Gegentheil. Sie hat mit der Erschüt=
terung der alten Ordnung natürlich auch viel Abgestorbenes
und Faules der alten Ordnung beseitigt; aber sie hat nichts
geschaffen oder auch nur angebahnt, was, wenn jene wirk=
lich fiele, einen Ersatz zu geben vermöchte, und sie hat statt
erträglicher Uebel unerträgliche gebracht. — — Wir unserer=
seits müssen mit Schmerz auf Manches verzichten, was ein=

mal rechtsverbindlich aufgegeben worden, und wir lassen Manches gern fallen, was wir ausdrücklich nur als Vorsicht des Ueberganges empfahlen; aber wir können nicht weichen von den alten unwandelbaren Fundamenten der gesellschaftlichen Ordnung, zu denen wir uns allezeit bekannt haben. Diese Fundamente, von einer höheren Macht als dem Volkswillen gelegt, gegen welche der ganze Strom der Bewegung als gegen den Stein des Aergernisses anwogt, sie sind es gerade, auf welchen allein die heiß ersehnte Freiheit und Einheit des deutschen Vaterlandes begründet, auf welchen allein die wahrlich nicht geringen Güter, in deren Besitz die deutsche Nation seit Jahrhunderten ist — Ordnung, Wohlstand, Bildung, Gesittung — ihr erhalten werden können."

Diese Sätze waren die Grundlage, auf welcher sich die politische Thätigkeit Stahl's in Preußen gegründet hat, welche ihren Anfang bereits bei der ersten Berufung der Kammern auf Grund der Verfassung vom 5. Decbr. 1848 nahm. Stahl wurde von den Kreisen Ober- und Nieder-Barnim, Angermünde, Templin und Prenzlau in die damalige Erste Kammer gewählt und dadurch jene glänzende parlamentarische Laufbahn ihm eröffnet, welche beinahe 14 Jahre lang ohne Unterbrechung fortgedauert hat, bis der Tod im vorigen Jahre ihn derselben entriß. Wir müßten eine Geschichte des preußischen öffentlichen Rechts seit dem Jahre 1848 schreiben, wenn wir Stahl auf dieser Laufbahn Schritt für Schritt verfolgen wollten, deshalb beschränken wir uns darauf, dieselbe hier in ihren allgemeinsten Umrissen mitzutheilen, welche hinreichen werden, um die Erinnerung

daran in den meisten unserer Leser wieder lebendig zu machen.
Stahl bildete in jener Ersten Kammer, welche im Grunde
aus Urwahlen hervorgegangen war (das active Wahlrecht
für dieselbe war durch ein jährliches Einkommen von 500
Thalern bedingt, während dem passiven Wahlrechte allerdings dadurch indirect eine engere Grenze gezogen war, daß
die Abgeordneten von der Regierung weder Reisekosten noch
Diäten erhielten), mit dem jetzigen Cultusminister v. Beth-
mann-Hollweg die äußerste Rechte, welche nur aus 13
Mitgliedern bestand. Es ist interessant, die Namen dieser
kleinen Schaar hier zu wiederholen, welche leider zum Theil
in das Heerlager der politischen Gegner hinübergegangen
ist. Dieselbe bestand außer den beiden genannten Führern
aus dem Fürsten Pleß (todt), dem Grafen York (bildet zur
Zeit die äußerste Linke des Herrenhauses), den Ober-Con-
sistorial-Räthen Nitzsch und Hülsmann, dem Grafen Canitz,
dem Ober-Tribunalsrath v. Daniels, dem Gutsbesitzer Cols,
dem Frh. v. Manteuffel II. und dem Grafen Schlieffen.
Mit der Fraction stimmten außerdem noch, ohne ihr ausdrücklich anzugehören, die Abgeordneten v. Gerlach und v.
Witzleben. — Die Wogen der Revolution gingen damals
noch zu hoch, als daß eine außerdem numerisch so kleine
Fraction, welche nicht einmal über eine hinreichende Zahl
von Stimmen verfügte, um die genügende Unterstützung der
Anträge zu erreichen, welche aus ihrer Mitte hervorgingen,
von irgendwie namhaftem politischen Einfluß hätte sein können. Die conservative Partei war daher damals in der
Ersten Kammer auf dieselbe Aufgabe verwiesen, welche ihr
zur Zeit wieder im Abgeordnetenhause obliegt, nämlich auf

die Aufgabe, Zeugniß abzulegen von ihren Grundsätzen. Dieser Aufgabe hat sich wohl niemals ein Parteiführer mit größerer Meisterschaft unterzogen, wie dies von Seiten Stahl's geschah. Die hervorragendste Stelle unter den in dieser Periode von Stahl gehaltenen Reden nimmt unzweifelhaft wohl durch den Schwung ihrer Beredtsamkeit und die vernichtende Gewalt ihrer rechtlichen und politischen Gründe diejenige ein, welche er in der Sitzung vom 14. März 1849 gegen die Annahme der deutschen Kaiserwürde seitens Sr. Maj. des Königs und namentlich gegen einen damals von dem Abg. v. Vincke gestellten Antrag hielt, welcher den König bestimmen sollte, die ihm angebotene Krone von Volkes Gnaden sich auf's Haupt zu setzen. Wir unterlassen eine ausführlichere Aufzählung dieser, so wie der später im Volkshause des Erfurter Parlaments von ihm gehaltenen Reden, da eine von ihm selbst veranstaltete Sammlung sämmtlicher wichtigerer politischer Reden Stahl's, welche vor Kurzem erschienen ist, dieselben in übersichtlicher Ordnung einem größeren Publicum zugänglich gemacht hat.

Ein neuer Abschnitt der politischen Wirksamkeit Stahl's beginnt mit dem Jahre 1850. Das preußische Volk begann der Danaergeschenke, welche die Revolution ihm geboten hatte, überdrüssig zu werden, und die Neuwahlen, welche 1850 stattfanden, lieferten eine wesentlich conservativere Erste Kammer, wie die frühere gewesen war. Das inzwischen von dem Könige eingesetzte Ministerium Brandenburg-Manteuffel trat freilich damals noch zaghaft auf, und die preußische innere und äußere Politik war durch vielfache Schwankungen gekennzeichnet. Die Männer der Revolution vertheidigten jeden Fuß breit

6

des gewonnenen Landes mit großer Zähigkeit; es gehörte daher große Thatkraft dazu, wenn das Ministerium die Revolution, welche sich bei allen seinen Schritten ihm an die Fersen heftete, niederhalten wollte. Diese Thatkraft fehlte demselben aber Anfangs. Um so dringender war dieselbe daher für die conservative Partei erforderlich, auf welche es sich in den Kammern stützte. Unterlag dieselbe gleichen Einflüssen, welche ihre Thatkraft lähmten und den Glauben an den endlichen Sieg der von ihr vertheidigten Sache beeinträchtigten, so war der Sieg der Revolution entschieden, und das Ministerium wurde von der königlichen Partei des Landes nicht gehoben und gekräftigt, sondern gelähmt und rathlos gemacht. Daß es dahin nicht gekommen, daß die alten Grundlagen und Ueberlieferungen, auf welche die preußische Monarchie gegründet ist, aus dem Schmutze wieder aufgerichtet wurden, in welchen sie von der Revolution getreten waren, das ist das Werk Stahl's und seiner politischen Kampfgenossen. Zu diesem Werke wurde die Regierung von der conservativen Partei und ihren Führern, unter denen Stahl eine der hervorragendsten Stellen einnimmt, vom Jahre 1850 an ermuthigt, angetrieben und moralisch wie politisch unterstützt. Ohne Männer wie Stahl hinter sich, unterstützt von anderen in vieler Hinsicht gleichgesinnten Kampfgenossen, würde das berühmt gewordene Wort Manteuffel's aus dem Jahre 1851, daß mit der Revolution nunmehr in Preußen gebrochen werden solle, niemals zur Wahrheit geworden sein.

Die Legislatur-Periode von 1850 bis 1854 ist die für die Revolution bedrohlichste, welche die Geschichte des preußischen Staates seit 1848 aufzuweisen hat. In diese Zeit fällt die Beseitigung der revolutionären Gemeinde-, Kreis- und Provinzial-Ordnungen, welche am 11. März 1850 publicirt worden waren, während die Zeit ihrer Entstehung in das Jahr 1849 zurückreicht; die Beseitigung des Art. 40 der Verfassungs-Urkunde, welcher die Errichtung von Familienfideicommissen untersagt; die Einführung der Städte-Ordnung für die sechs östlichen Provinzen der Monarchie vom 30. Mai 1853; das Gesetz vom 7. Mai 1853, wodurch dem Könige die Befugniß ertheilt ward, eine neue Erste Kammer, das jetzige Herrenhaus, aus erblichen und lebenslänglichen Mitgliedern zusammenzusetzen; die Declaration vom 10. Juni 1854, wodurch die ehemals reichsständischen Fürsten und Grafen in die ihnen durch die Verfassungs-Urkunde entzogenen vertragsmäßigen Rechte wieder eingesetzt worden sind, und noch andere ähnliche Gesetze. An allen diesen Arbeiten hatte S t a h l den hervorragendsten Antheil, so wie er und seine politischen Freunde es auch waren, welche durch ihren Beistand Herrn v. Manteuffel in die Möglichkeit versetzten, jene der revolutionären Partei so verhaßte Convention von O l m ü tz am 29. November 1850 abzuschließen, durch welche die deutsche Politik Preußens wiederum auf den Weg des Rechts und der Bundesverträge zurückgeleitet wurde. Als demnächst die Verordnung vom 12. October 1854 das Herrenhaus in's Leben rief, war der Bruch mit der Revolution im Wesentlichen bereits zur Thatsache geworden, und es gewann daher den Anschein, als im Jahre 1855 auch die Wahlen zum Abgeordneten-Hause in conservativem Sinne ausfielen, daß das preußische

6*

Verfassungswerk auf festen conservativen Grundlagen zum Abschluß gelangen werde.

Diese Hoffnungen sind indeß vereitelt worden. Das vorige Ministerium liebte allerdings die Revolution nicht, welche sich auf den Straßen breit machte oder auch, nach dem berühmt gewordenen Ausspruche seines Minister-Präsidenten, ihren Gelüsten im Schlafrock und in Pantoffeln nachging; aber dasselbe besaß doch kein volles Verständniß dafür, daß auch überall da die Revolution noch feste Wurzeln gefaßt habe, „wo,“ um mit Stahl zu reden, „der öffentliche Zustand auf den Willen des Menschen, statt auf die Fügung Gottes gegründet werde“; am weitesten entfernt aber war dasselbe davon, an Stelle der Revolution überall das Gegentheil der Revolution, die Grundsätze des Christenthums und des Rechts hoch aufzurichten. Deshalb ging auch das Ministerium nicht darauf ein, den christlichen Charakter des Staates durch Aufhebung oder entsprechende Modification des Artikels 12 der Verfassungs-Urkunde wieder herzustellen, aber es hütete sich allerdings davor, aus jenem Artikel die äußersten Consequenzen zu ziehen. Juden wurden zu obrigkeitlichen Stellungen nicht zugelassen und die Bewegung der freien Gemeinden wurde in einer bisweilen nicht bloß den Liberalen, sondern auch den Anhängern des strengen Rechts bedenklichen Weise durch Polizeimaßregeln beeinträchtigt. Eben so wenig dachte die Regierung daran, die Paragraphen, welche ein Ministerverantwortlichkeitsgesetz und die Einführung der Civil-Ehe der Specialgesetzgebung vorbehalten, zu beseitigen, sie begnügte sich damit, dieselben nicht auszuführen. Durch dieses zaghafte und principienlose Auftreten der Regierung seit der Zeit, wo die grobe Arbeit zur Bekämpfung der Revolution beendigt war, wurde auch die große conservative Partei, welche sich Anfangs im Abgeordnetenhause gebildet hatte, in ihren Bewegungen unsicher und wurde schließlich vollständig gesprengt. Nur der Kern der Partei blieb sich über die zu lösenden Aufgaben klar und hielt an seinen Principien fest. Derselbe trat deshalb in genaue Verbindung zu der von Stahl und v. Plöz im Herrenhause geführten Partei. Was nun aber sollte diese entschieden conservative Partei unter den obwaltenden schwierigen Verhältnissen thun? Genügte es, wenn Stahl und einige andere Führer immer wieder von Neuem die Regierung auf den von ihr einzuschlagenden richtigen Weg hinwiesen, nachdem dieselbe deutlich genug zu verstehen gegeben hatte, daß sie denselben niemals einschlagen werde? Oder sollte sie das Ministerium zu stürzen versuchen? —

Stahl machte gegen das Ministerium bei mehreren Gelegenheiten die stärkste Opposition, er trug kein Bedenken, bei den wichtigsten Gesetzesvorlagen gegen dasselbe zu stim= men, aber er sprach nichts desto weniger mehrfach aus, daß er das Ministerium nicht stürzen wolle. Er wollte, wie er dies auch in seiner Rechtsphilosophie ausführlich begründet hat, keine parlamentarische Regierung. Er wollte weder eine moderne Minister=Verantwortlichkeit, durch welche eine politische Partei nach dem Grundsatze: „ôte-toi que je m'y mette" die andere aus dem Amte zu verdrängen sucht, noch jene etwas verclausulirte Volkssouveränetät, welche in einer sogenannten Theilung der Gewalten zwi= schen Krone und Volksvertretung besteht.

Wir sind weit entfernt, die Richtigkeit dieser Grundsätze bestreiten zu wollen, dagegen sind wir nicht ohne Bedenken, ob die davon gemachte Anwendung eine richtige war.
Das Ministerium ruhte gewissermaßen auf seinen Lorbeern
aus. Dasselbe glaubte den preußischen Staat gerettet zu haben, und wir wollen ihm am wenigsten den Ruhm ver-
ringern, welchen es an dieser Rettung wirklich gehabt hat.
Es gab sich außerdem der Meinung hin, die Revolution für
immer auf's Haupt getreten zu haben. Daher rührte die
bereits geschilderte schwankende und principienlose Politik
dieses Ministeriums, welche etwa seit dem Jahre 1855 ihren
Anfang nahm. Die alten conservativen Bundesgenossen
wurden von demselben nicht selten unverhohlen genug als
Gegner behandelt und gelegentlich sogar geradezu als solche
bezeichnet; dagegen suchte man sich mit den Forderungen des
Liberalismus theils durch Concessionen, theils durch Polizeimaßregeln von einer nicht selten ziemlich zweifelhaften Berechtigung
auseinanderzusetzen. Unter solchen Umständen blieb nach unserer Ueberzeugung für die conservative Partei in beiden Häusern
des Landtags allerdings nichts übrig, als dem Ministerium
die schärfste Opposition zu machen. Ein solches Verfahren
hatte mit den Grundsätzen des modernen Parlamentarismus,
nach denen ein Cabinetswechsel eintreten soll, wenn das Ministerium in einer wichtigeren Frage in der Minorität geblieben ist, nichts gemein. Es handelte sich nur darum, daß
die conservative Partei sich von der gefährlichen Politik des
Ministeriums auf das Rückhaltloseste lossagte, daß sie ihren
Kampf gegen die Revolution, soweit sie noch in dem Rechtsleben des preußischen Staates festen Fuß gefaßt hatte, fort-

setzte, unbekümmert um die Wünsche und Pläne des Mini=
steriums, daß sie auf der andern Seite aber auch gegen die
Rechtsverletzungen des Ministeriums, gegen die in der That
kaum erträgliche Polizeiwillkür, welche von demselben, wenn
nicht veranlaßt, so doch geduldet wurde, nachdrücklich ihre
Stimme erhob, und überall das Bestreben durch die That
bekundete, daß sie Freiheit und verfassungsmäßiges Recht in
Preußen stützen und begründen und das legitime Recht der
Krone, wie des Niedrigsten aus dem Volke in gleicher Weise
heilig halten wolle. Wenn das Ministerium einer solchen
Politik erlag, so ließ sich der conservativen Partei nicht der
Vorwurf machen, daß sie einen falschen Parlamentarismus
angestrebt habe, sie hatte nur ihren Grundsätzen gemäß ge=
handelt, und sie durfte dies um so unbehinderter thun, da
sie sehr wohl wußte, daß Se. Majestät der hochselige König
mit diesen Grundsätzen völlig übereinstimmte.

Wenn Stahl und einige andere hervorragende Führer
der conservativen Partei also dem Ministerium keine conse=
quente Opposition entgegenstellten, so können wir diese Politik
nicht für eine richtige halten, wennschon wir den edlen und
reinen Motiven, aus welchen dieselbe hervorging, unsere volle
Anerkennung zollen. Die neue Aera, welche bereits im Jahre
1858 dem Ministerium ein Ende machte, sollte auch das
Unrichtige dieser Politik sehr bald in ein deutliches Licht
stellen. Die conservative Partei war einmal dadurch in
die unangenehme Lage versetzt, daß die von liberaler und
demokratischer Seite ohne Aufhören gemachten Versuche, sie
mit den Polizeimaßregeln und der ganzen principienlosen
Politik des abgetretenen Ministeriums zu identificiren, wenig=

stens einen äußeren Schein von Berechtigung erhielten. Die
Urheber dieser auf die gedankenlose Masse richtig berechneten
Anschuldigungen wußten allerdings, daß sie die Unwahrheit
sagten, daß die conservative Partei wiederholt der Freiheit
der Presse das Wort geredet und wider polizeiliche Be=
drückungen protestirt hatte, wo sie zum Vorschein getreten
waren; aber es war allerdings richtig, daß man diese Ver=
wahrungen nicht nachdrücklich genug geführt hatte. Deshalb
glaubte die große Masse des politisch unselbstständigen Volkes
den von liberaler Seite ausgehenden Verleumbungen, und
die politische Wirksamkeit der conservativen Partei wurde da=
durch vorübergehend auf das Empfindlichste beeinträchtigt.
Außerdem aber besaßen die liberale und die demokratische Par=
tei, welche unter dem neuen grundsätzlich liberalen Ministerium
wieder die vollständige Oberhand bekamen, in einer Anzahl von
Verfassungs = Paragraphen, deren Beseitigung sich das Mi=
nisterium Manteuffel entgegengestellt hatte, gefährliche Hand=
haben, um den monarchischen und christlichen Charakter des
preußischen Staates in Frage zu stellen. Freilich scheiterten diese
Versuche bisher an dem energischen Widerstande des Herren=
hauses, an welchem S t a h l den hervorragendsten Antheil
hatte. Sein gewaltiges Rednertalent trat bei den neuen
schweren Kämpfen, welche die conservative Partei seitdem zu
bestehen hatte, wiederum in das glänzendste Licht. In den
Jahren 1857 bis 1860 erreichte S t a h l den Höhepunkt
seines Ruhmes als Staatsmann und Redner, und selbst seine
Gegner, namentlich sein heftigster Gegner und ehemaliger
Kampfgenosse, der Cultusminister v. B e t h m a n n, mußten
sich wider Willen vor der Gewalt seines Geistes und der

vernichtenden Schärfe seiner Gründe beugen. Die großen Schlachten, welche Stahl in dieser Periode von Neuem für christlichen Staat, christliche Ehe und christliche Schule, für den monarchischen Charakter des preußischen Staates, für die Vertheidigungsfähigkeit des Heeres und gegen den Cultus des Freigemeindenthums, für eine nach den Grundsätzen des Rechts und der Freiheit geführte innere und eine conservative auswärtige Politik Preußens gekämpft, die wichtigen Siege, welche er errungen hat, sind noch in zu frischer Erinnerung unserer Leser, als daß wir darauf näher einzugehen nöthig hätten. Wir verlassen daher hier den politischen Redner und Staatsmann, um uns noch auf kurze Zeit mit dem hervorragenden Gelehrten und politischen Schriftsteller zu beschäftigen. —

Das berühmteste und in der That auch hervorragendste Werk Stahl's ist die bereits erwähnte Philosophie des Rechts. Der erste Band dieses Werkes erschien bereits im Anfange des Jahres 1830, der dritte und letzte wurde erst 1837 veröffentlicht und das ganze führte den Titel: Die Philosophie des Rechts nach geschichtlicher Ansicht. Eine zweite, wesentlich umgearbeitete Ausgabe erschien 1847 unter dem Titel Philosophie des Rechts. Band I. führt den besonderen Titel: Geschichte der Rechtsphilosophie, Band II. dagegen, welcher in zwei selbstständige Theile zerfällt, ist unter dem Titel: Rechts- und Staatslehre auf der Grundlage christlicher Weltanschauung, erschienen. Die 3. Auflage ist 1854 ohne wesentliche Veränderungen veröffentlicht worden. Als das Stahl'sche Werk zuerst erschien, führte die Hegel'sche Philosophie noch

auf den meisten Gebieten des wissenschaftlichen und politischen
Lebens die Alleinherrschaft, und namentlich in Preußen suchte
ein Hegelianer der strictesten Observanz, der Cultusminister
v. Altenstein, Kirche, Staat und Schule, so weit es an
ihm lag, nach den Lehrsätzen Hegel's umzugestalten. Stahl
schildert in der Vorrede zur ersten Auflage der Rechtsphilosophie die großen Schwierigkeiten, welche es ihm gekostet,
die Hegel'sche Philosophie wissenschaftlich zu überwinden.
Schon von Anbeginn seiner Beschäftigung mit der Philosophie sei er von der Unwahrheit des Hegel'schen Systems
lebendig überzeugt gewesen; es habe aber sehr schwer für
ihn gehalten, den eigentlichen Sitz der Irrthümer Hegel's
zu entdecken. — Dies ist ihm erst nach längeren Bemühungen
und unter dem Beistande Schelling's gelungen. Dieser
große Philosoph, von dem ein Hegelianer, Professor Erd-
mann in Halle, sagt, daß er von allen epochemachenden
Philosophen die größte speculative Energie besessen, weil er
allein im Stande gewesen, seine Consequenz zu begreifen,
gab in seinem System der Freiheit, wie er sein letztes philosophisches System nannte, eine Reihe befruchtender Gedanken, durch welche Stahl in dem großen Unternehmen, welches er sich vorgesetzt hatte, wesentlich gefördert wurde.
Stahl sagt in Bezug auf dieses Verhältniß zu Schelling
wörtlich: „Vieles habe ich geradezu gelernt, zu Vielem wurde
mir die Anregung. Vor Allem ist es der eine Grundgedanke
seiner jetzigen Ansicht, der mich von nun an in allen meinen
wissenschaftlichen Bestrebungen förderte. Mit diesem Grundgedanken, dem Begriff der geschichtlichen Ansicht selbst, den
Schelling am Anfange seiner Vorlesungen in wenigen Zügen

mit einer das Innerste durchdringenden Klarheit und Gewalt hinstellte, beginnt überhaupt eine neue Aera der Philosophie. Von einer Schule und Anhängerschaft aber, wie
sie bisher jeder Philosoph um sich sammelte, wird jetzt gerade
nicht mehr die Rede sein können." — S t a h l stellt also von
Anfang an in Abrede, daß er zu Schelling in einem Verhältniß als Schüler oder Anhänger etwa in der Weise stehe,
wie die Hegelianer als Schüler Hegel's bezeichnet werden
müssen, weil sie im Grunde stets nur von den Gedanken des
Meisters lebten, ohne im Stande zu sein, diese selbstständig
zu verwerthen und über dieselben in der Weise hinauszu-
greifen, daß sie, um uns eines Hegel'schen Ausdruckes zu
bedienen, in ihren eigenen philosophischen Leistungen ein
a u f g e h o b e n e s M o m e n t ausmachten. Die Abweichun-
gen dieser Philosophen unter einander hatten daher nur ihren
Grund in dem verschiedenen Verständnisse der Lehrsätze Hegel's, oder auch darin, daß sie eine einzelne Seite seines
Systems einseitig herausgriffen und als den eigentlichen
Kern desselben bezeichneten. David Strauß redete deshalb
ganz sachgemäß von einer rechten und linken Seite und
einem Centrum der Hegel'schen Schule. Mit Recht hebt
S t a h l hervor, daß in diesem Sinne von einer Schule
Schelling's überhaupt nicht die Rede sein könne: es gebührt
diesem Philosophen dagegen das große Verdienst, daß er in
den beiden Hauptstadien seiner philosophischen Entwickelung
eine Anzahl hervorragender philosophischer Köpfe befruchtet
und zu selbstständigen philosophischen Leistungen angetrieben
hat. Die beiden hervorragendsten darunter sind H e g e l und
S t a h l. Der Erstere empfing durch die ursprüngliche Lehre

Schelling's, das sogenannte Identitäts=System, wie
dies selbst seine Schüler nicht in Abrede stellen, den ersten
geistigen Impuls und die wesentlichen Grundgedanken für
sein philosophisches System; Stahl dagegen wurde durch
die spätere Lehre Schelling's, durch sein System der
Freiheit wesentlich gefördert und unterstützt in Bezug auf
das von ihm in seiner Rechtsphilosophie begründete neue
System. Hegel nahm die Grundgedanken der Schelling'schen
Identitätslehre in sich auf und verarbeitete dieselben, aller=
dings mit großer Selbstständigkeit in Einzelnheiten und
namentlich in der Methode zu dem nach ihm benannten
Systeme! Stahl stand dagegen zu der Schelling'schen
Philosophie der Freiheit von Hause aus weit selbstständiger;
er entnahm aus derselben nicht die Grundgedanken seines
Systems, sondern wurde durch dieselbe nur in Bezug auf
eine Anzahl seiner philosophischen Grundsätze geistig befruch=
tet, und nur ganz ausnahmsweise hat er den einen oder
andern Gedanken Schelling's seiner Substanz nach in sein
System aufgenommen. Das Verhältniß Stahl's zu
Schelling läßt sich daher durchaus nicht mit dem Verhält=
nisse Hegel's zu Schelling auf dieselbe Linie stellen, weit
eher kann es mit dem Verhältniß von Aristoteles zu Plato
oder mit dem Verhältniß von Spinoza zu Descartes, welche
von ihren Vorgängern gleichfalls eine Reihe befruchtender
Gedanken empfingen, verglichen werden, wennschon auch
diese Vergleiche nicht vollständig zutreffen. Stahl äußert
sich selbst in der Vorrede zur zweiten Auflage seines Werks
über dieses Verhältniß, wie folgt: „Bekenntniß und Richtung
im Leben wie in der Wissenschaft habe ich von Schelling

nicht erhalten. Als ich vor 17 Jahren das erste Mal den Fuß in seinen Hörsaal setzte, waren meine positiven Grund-überzeugungen und mein Verhältniß zur Philosophie Hegel's schon derselben Art wie jetzt; gerade, daß Schelling sich in gleichem Sinne aussprach, hat mich ihm gewonnen. Wohl aber verdanke ich Schelling eine Anfeuerung und eine sehr bedeutende Unterstützung zur wissenschaftlichen Darlegung jener Grundüberzeugungen, so wie außerdem noch die allge-meine geistige Anregung, die man immer aus großartigen tiefgedachten Vorträgen schöpft. Was ich jedoch von Schel-ling annahm, wozu ich mich bekannte und noch bekenne, ist bloß seine Polemik gegen das „rationalistische" („negative") und seine Gegenüberstellung des „geschichtlichen" („positiven") Princips, und das wird wohl Niemand für ein philosophi-sches System halten. Dagegen zu dem eigenen jetzi-gen speciellen System Schelling's — seiner philo-sophischen Auffassung der Weltschöpfung, der Mythologie, der Offenbarung, seiner Lehre von den drei Potenzen, welche den Mittelpunkt derselben bildet u. s. w. — stand ich nie in einer Beziehung. Eben so wenig steht Herr von Schelling in einer Beziehung zu irgend einer Lehre und Ausführung meines Buches, nicht einmal des ersten Ban-des, viel weniger der folgenden, außer jenem Grundgedan-ken, bei welchem ich ihn nannte, und etwa dem, was mit demselben schon unmittelbar und völlig gegeben ist."

Völlig frei von dem Einflusse Schelling's sind indeß die Anschauungen Stahl's über Staat und Gesellschaft, welche uns hier vorzugsweise interessiren. Man kann in die-ser Beziehung nicht einmal von einer ihm durch Schelling ge-

wordenen geistigen Anregung reden; die große von ihm mit
bewunderungswürdiger Meisterschaft gelöste Aufgabe, für den
Staat und die Gesellschaft überall auf die ewigen Grund=
sätze des Christenthums als nothwendige Grundlage zu ver=
weisen, ist in jeder Hinsicht sein eigenstes Werk, und es ist
namentlich auch unrichtig, daß Adam Müller durch die
von ihm in seinen „Elementen der Staatskunst"
vorgetragene Lehre auf die staatsphilosophischen Anschauun=
gen Stahl's einen Einfluß geübt habe. Adam Müller
findet sein Ideal vom christlichen Staate überall in dem
mittelalterlichen wieder, während die Lehre Stahl's
auch in dem Sinne eine wahrhaft neue ist, daß sie einen
neuen Staat zum Ausgangspunkte hat, freilich nicht einen
von der Geschichte losgerissenen Staat, aber doch einen sol=
chen, welcher nicht, wie der mittelalterliche, bloß mit einzel=
nen christlichen Gedanken erfüllt, sondern welcher von Grund
aus im Geiste des Christenthums wiedergeboren ist.

Wir haben bereits erwähnt, daß das von Stahl in der
Rechtsphilosophie aufgestellte politische Ideal der verfas=
sungsmäßigen Monarchie im Gegensatze zu der par=
lamentarischen Regierungsform steht. Stahl ver=
wirft daher nicht minder, wie die von demokratischer Seite ge=
feierte Volkssouveränetät, das Dogma der Liberalen von einer
Theilung der Gewalten zwischen Krone und Volksvertretung.
Stahl's constitutioneller König ist nicht bloß die voll=
ziehende Gewalt, sondern der Souverän, und hat
nicht bloß das Recht der Souveränetät, während die Aus=
übung sich allein nach der Majorität des Parlaments rich=
tet, sondern bestimmt selbst wesentlich auch die Ausübung.

Er ist ein in der Ausübung bestimmter Regierungsrechte (Gesetzgebung, Auferlegung von Steuern u. f. w.) einge= schränkter König; aber nicht. ein bloßer Namenkönig. Wenn Stahl demnach den Parlamentarismus als ein Werk der Lüge und des Mißtrauens zwischen Krone und Volk bezeichnet, und den dadurch geschaffenen Despotismus der Volksvertretung auf das Schärffte verdammt, so verdammt er in nicht minder entschiedener Weise jeden Despotismus seitens der Krone. So sagt Stahl: „Und wenn der König nicht mehr seinen Fuß setzt über den Staat, gleich als ein irdischer Gott, sondern ihm selbst verwachsen ist als ein Glied, als das auserwählte Haupt, so geschieht dadurch, daß menschliche Größe ihr Maß nicht übersteige, und es wird die Weisheit Gottes klar, der die Menschen durch solch wun= derbar reich gegliederte Anstalt beherrscht, nicht sie einem Menschen zutheilt zur Beherrschung nach seinem Gutdünken." Vortrefflich spricht sich Stahl über die Bedeutung des Kö= nigthums aus: „Das Königthum ist eine der uralten heili= gen Grundlagen des menschlichen Daseins, wie Grundbesitz und Ehe. Wie sie, besteht es von Anfang an, seit die Völ= ker in dauernden Wohnsitzen ein geordnetes Dasein der Bil= dung und des Friedens führen, gepriesen als Einrichtung der Gottheit und als Wohlthat des Menschengeschlechtes, und es wird auch wohl, wie sie, bestehen immerdar, so lange es Staaten giebt, so lange die Geschichte dauert, bis einst Gott die Menschen wieder unter seine eigene Herrschaft aufnimmt und das ewige Reich an die Stelle des zeitlichen tritt." — An einer anderen Stelle heißt es: „Der Begriff der Souveränetät in der bestimmten Bedeutung, die er in

Frankreich erhielt, und mit der er auch in Deutschland bei
Auflösung des Reiches an Stelle der Landeshoheit trat, ist
allerdings der wahre Ausdruck der königlichen Gewalt. Er
bezeichnet, daß dieselbe in der sittlichen Ordnung des Gemein=
wesens, nicht im Eigenthum am Lande ihren Grund und
daher nicht nach zufälligen Vorgängen oder Erwerbsgründen,
sondern nach einer inneren Nothwendigkeit ihren Inhalt
hat." Namentlich tadelt Stahl deßhalb die Vermischung
staatsrechtlicher und privatrechtlicher Gesichtspunkte auf das
Schärfste, deren ältere Publicisten sich vielfach schuldig mach=
ten, indem sie z. B. die Frage lebhaft erörterten, ob der Re=
gierungsnachfolger in den deutschen Territorien an die Re=
gierungshandlungen seines Vorgängers gebunden sei, da er
doch als Lehnsfolger nicht als Universal=, sondern als Sin=
gular=Successor betrachtet werden müsse.

Wie Stahl über die Revolution, über jenen Zu=
stand dachte, wo der Volkswille, die Majorität, princi=
piell der Autorität gegenüber gestellt und als die bestim=
mende Macht im Staate anerkannt wird, haben wir bereits
angegeben. Sehr gut äußert er sich in dieser Beziehung na=
mentlich in seiner Schrift über die constitutionelle Monarchie:
„Entweder der Volkswille ist das oberste Gesetz der sittlichen
Welt, oder aber es ist eine höhere sittliche Macht über dem
Menschen, die Ordnungen für ihn gesetzt und geheiligt hat,
vermöge welcher auch der Volkswille dem bestehenden Recht
und den bestehenden Obrigkeiten gebunden ist. Dazwischen
giebt es kein Drittes, es wäre denn die Charakterlosigkeit."
Das ist der von Stahl unbedingt verurtheilte Zustand der
Revolution, dem er die höhere sittliche Ordnung gegenüber=

stellt, an welcher weder der Einzelne noch die Majorität des Volkes willkürlich modeln darf. Von dieser Revolution unterscheidet Stahl aber auf das Bestimmteste die Empörung, von der er zugiebt, daß sie, wenn auch niemals unbedingt zu rechtfertigen sei, so doch unter Umständen auch nicht unbedingt verurtheilt werden könne. Stahl hat in seinem Urtheil über die Empörung etwas geschwankt. In seiner Schrift: „Die Revolution und die constitutionelle Monarchie" nennt er sie unbedingt eine Verletzung göttlicher und menschlicher Ordnung, während er in seiner Rechtsphilosophie (2. Aufl. Bd. II., 2, S. 223) sich dahin äußert, daß das Volk allerdings nicht Richter über seinen Fürsten, wohl aber Jeder als Richter über sein eigenes Gewissen zu betrachten sei, und auf dieser Grundlage giebt Stahl eine äußerste sittliche Grenze des schuldigen Gehorsams zu. Eine Vermittelung dieser beiden Auffassungen findet sich an einer andern Stelle der zuerst gedachten Schrift, wo es heißt: „Es sei jedoch fern von uns, die Strenge des göttlichen Maßstabes an die Geschichte der Völker zu legen. Es mag Fälle geben — wir sind nicht so rigoristisch, das nicht zugeben zu wollen — es mag Fälle geben, wo der Drang physischer oder sittlicher Noth so gewaltig zum Aufstande treibt, daß es keinem Menschen ziemt, über seine Urheber zu richten, und der Erfolg ihn gleich wie eine Naturnothwendigkeit zu rechtfertigen scheint." Freilich fügt Stahl hinzu: „Die Hugenotten griffen zu den Waffen und haben wenig ausgerichtet, die ersten Christen ließen sich würgen und haben damit die Welt besiegt."

Eben so geistreich wie die Ansichten Stahl's vom Staate sind seine Ansichten von der Gesellschaft entwickelt. Freilich überträgt er unserer Meinung nach zu wenig Selbstständigkeit auf dieselbe, und es ließe sich fast erwarten, daß der Staat, von dem er sagt, daß er „alle Verhältnisse des zeitlichen Daseins umfasse", seiner Auffassung nach die Gesellschaft absorbiren müsse. So weit geht Stahl indeß nicht. Er faßt die Gemeinden, Stände und Genossenschaften vielmehr als in mancher Hinsicht selbstständige „Elemente des Staates" auf und bezeichnet sie deshalb auch wohl als „ergänzende Glieder des Staates", welche indeß von demselben beherrscht werden. Wir können hier auf die Einzelheiten nicht näher eingehen und halten überhaupt die Gesellschaftslehre Stahl's für den schwächsten Theil seiner Rechtsphilosophie. Die Gesellschaft hat allerdings neben dem Staate ein selbstständiges Dasein, und es läßt sich nicht be= haupten, daß sie den Zwecken desselben untergeordnet sei. Beide, Staat und Gesellschaft, sollen vielmehr diesel= ben Ziele gemeinschaftlich, wenn auch nach verschiedenen Seiten und Richtungen hin verfolgen, sollen sich gegenseitig zur Er= reichung ihrer Aufgaben fördern und stützen. Freilich wird der stärkere Staat vorzugsweise Gelegenheit haben, die schwä= cher organisirte Gesellschaft zu stützen; aber das Verhältniß von Staat und Gesellschaft ist in dieser Beziehung mit der Ehe zu vergleichen; auch das schwächere Weib hat den stär= kern Mann zu stützen und nicht selten wieder aufzurichten.

Durch solche vereinzelte Ausstellungen wird indeß die großartige Bedeutung der Stahl'schen Rechtsphilosophie in keiner Weise beeinträchtigt; dieselbe ist vielmehr die erste große wissenschaftliche That, das Christenthum zur Grundlage von Staat und Gesellschaft zu machen und die geschichtliche und

die philosophische Auffassung von Staat und Recht mit ein=
ander durch die christliche zu versöhnen. Hören wir, was
ein hervorragender politischer und wissenschaftlicher Gegner
(Mohl in seiner Geschichte und Literatur der Staatswissen=
schaften) von diesem Werke sagt: „Unzweifelhaft über allen,
welche diese Richtung (die christliche) zur Ergründung und
Begründung des Staats eingeschlagen, steht Stahl. Ihm
kommt keiner der Genossen gleich an Ernst und Tiefe des
philosophischen Denkens, an juristischer Schärfe und an klarer
Kritik, viele Abschnitte namentlich in der Geschichte der Lite=
ratur sind meisterhaft; es ist in ihm ein großer, wennschon
wohl irre gehender politischer Sinn. — — — Stahl geht
aus von der Anschauung der geschichtlichen rechtswissenschaft=
lichen Schule über Recht und Staat, welche ihm also nicht
durch willkürlichen Einzelwillen geschaffen, sondern ein noth=
wendiges Erzeugniß des individuellen Wesens eines jeden
Volkes sind. Anstatt nun aber die in dieser Ansicht liegende
Möglichkeit der verschiedenartigsten Lebensauffassungen und
daraus folgenden Staatszwecke anzuerkennen und zu verfol=
gen, sucht er dem menschlich nothwendigen Staate zu gleicher
Zeit einen göttlichen Charakter zu geben, und verlangt ins=
besondere, daß der Staat ein christlicher sei. Letzteres ver=
steht er indeß weder im theokratischen, noch im puritanischen
(ausschließlich religiösen) Sinne, sondern als ein Durchbrin=
gen des ganzen politischen Zustandes mit christlicher Weltan=
schauung und Gehorsam gegen die geoffenbarten Gesetze." —
So urtheilt, wie gesagt, ein Gegner über die Stahl'sche
Rechtsphilosophie, und wir können nur hinzufügen, daß die=
selbe unbeschadet einzelner Berichtigungen und Verbesserungen

7 *

stets die wissenschaftliche Grundlage für alle conservativen Parteibestrebungen bleiben wird, welche höhere Interessen verfolgen, als persönlichen Vortheil, oder einseitiges und geistloses Conserviren alles Bestehenden.

Ein vortreffliches Bild von Stahl's politischer und wissenschaftlicher Bedeutung hat in diesem Jahre sein lang= jähriger Freund und Kampfgenosse, der Appellationsgerichts= Präsident v Gerlach, in einer Ansprache an die Berliner Pastoral = Conferenz entworfen. Wir theilen daraus einige Stellen mit, welche uns über die ganze Persönlichkeit Stahl's ein helles Licht zu verbreiten scheinen.

„Aber — so wie Stahl als praktischer Staatsmann immer wesentlich Mann der Wissenschaft blieb, so blieb er auch umgekehrt als Mann der Wissenschaft stets der Praxis zugewendet, den praktischen Fragen des Moments und den praktischen Fragen aller Zeiten und der Ewigkeit. Er führte nicht bloß die Fülle tief begründeter wissenschaftlicher Ueber= zeugung ein in die grünste Praxis des Tages, sondern er entnahm auch aus den praktischen Bedürfnissen einerseits des Staats und des Volks und andererseits seines Gewissens und seines heilsbedürftigen Herzens wesentliche Motive seiner Wissenschaft, und behielt mitten in seinen wissenschaftlichen Forschungen diese praktischen Bedürfnisse fest im Auge, gleich= sam als Probe auf das Exempel. Ja, er schob seinen wis= senschaftlichen Gegnern ihre praktischen Motive zur Beleuch= tung ihrer wissenschaftlichen Resultate in ihr Gewissen.

Gewissermaßen im Gegensatz zu seiner praktischen Rich= tung stand ein anderer Charakterzug seines Geistes. Er hatte, als Mann der Wissenschaft, immer das Bedürfniß,

was in der Zeit sich geltend machte und obenauf kam, sofort
zu systematisiren. Es als doch vielleicht erst unreifen Anfang
oder vorübergehende Phase zu fassen, wurde ihm schwer. Es
ergab sich daraus manchmal eine Differenz mit mir, der ich
kein Mann der Wissenschaft und des Systems bin. So
war ihm 1848 der Pseudoconstitutionalismus und die Tren-
nung von Kirche und Staat ein — ihm freilich schmerzliches
— fait accompli; ähnlich 1850 die Politik Erfurt und der
engere Bundesstaat. Es konnte dies zuweilen als schwache
Nachgiebigkeit erscheinen. Aber sobald er sich wieder klar
geworden, war auch der kühne Muth wieder da.

Auch in den Versammlungen dieser Pastoralconferenz
hat er von Jahr zu Jahr jenen schönen praktischen Sinn
bewährt. „Es ist“, sagte er in der Conferenz von 1857,
„für die Zukunft dieser Conferenzen entscheidend, daß
nicht die Fragen umgangen werden, welche alle Herzen be-
wegen.“

So sprach er in eben diesem Jahre 1857 gegen die
rücksichtslose Unionstreiberei, für das gute Recht der lutheri-
schen Kirche und gegen die Evangelische Allianz, hervorhe-
bend, daß die Allianz Secten, welche er als „äußerste Aus-
läufer der Reformation“ bezeichnete, und selbst Bunsen ein-
läßt, während sie die Katholiken ausschließt. In dieser Richtung ging ich, um noch eine Differenz zu erwähnen, weiter
als er; er erklärte sich öffentlich wider, ich für die Erfurter Conferenz. Auf jene Zeugnisse wider die Allianz
folgte später sein mächtiges, hochwichtiges Zeugniß „wider
Bunsen“ — dies war der Titel seiner Streitschrift —
ein Kampf, in welchem selbst das christliche England von

unchristlichem Ultraprotestantismus so schwer versucht war, daß es dringend der Hülfe Stahl's bedurfte gegen den kecken und brillanten Literaten, Vielwisser und Diplomaten. Es ist dies wohl eine seiner verdienstvollsten Leistungen; er bewährte darin kräftig seine freie und edle Selbstständigkeit und Offenheit nach oben.

1859 trat er gegen die damals drohende Civilehe auf, mit einem schönen offenen Bekenntniß. „Ich habe" — sagte er in der Conferenz — ich habe in meiner Rede vom 5. Octo= ber 1849 (in der Ersten Kammer) die facultative Civilehe als einen Fortschritt und einen Gewinn an sich entgegen der obligatorischen (kirchlichen) Trauung bezeichnet. Das kann ich nicht verantworten. Ich habe ein Institut, das ich aus Noth vorschlug und empfahl, mir unter der Hand selbst idealisirt, vielleicht aus Gewöhnung vom Sommer 1848, wo man alle Hoffnung auf die Institutionen auf= gegeben hatte und die Rettung nur noch in der vollständigen und allseitigen Durchführung des Freiheitsprincips — daß es auch unsern Ueberzeugungen zu Gute komme — suchte. Ich kann und will jene Verirrung nicht beschö= nigen und nicht entschuldigen."

Milderung seiner Schuld fand er darin, daß er schon am 12. December 1849 in derselben Ersten Kammer die Verirrung widerrufen habe. Es ist dieser Hergang ein Bei= trag zu dem, was ich vorhin von seinem Verhältniß zum fait accompli gesagt habe. Aber solche Demuth, solcher Glaubensmuth im öffentlichen Bekennen der eigenen Verirrung von Seiten des Gelehrten und Professors, nach St. Petri und St. Pauli Vorbild, trifft erweckend und Vertrauen grün=

bend die Herzen und Geister von uns Laien und stärkt un=
seren Glauben. — — — — — — — — — — — — —
— — — — — — — — — — — — — — — — — —

Eine große Hauptsache bei Stahl waren und sind
für mich seine Forschungen, die ich zugleich Thaten nennen
möchte, auf dem Gebiete der Philosophie. Auf dem der
Jurisprudenz wollte ich mehr, als er zugab, das unter uns
geltende Recht, namentlich das Staatsrecht, herleiten und
erkennen aus dem ewigen Königthume Gottes und aus bes=
sen Abbrucke, dem ebenbildlichen Königthume des Menschen,
der bekanntlich ein geborener König ist. L'homme est mi-
sérable, sagt Pascal, mais ses misères sont misères d'un
roi détrôné, und als Christ tritt der Mensch dem Anfange
nach wieder ein in sein volles Königthum. „Ihr seid das
königliche Priesterthum, das heilige Volk, das Volk des
Eigenthums." Es versteht sich, daß Stahl diese erhabenen
Wahrheiten als Religionswahrheiten anerkannte und glaubte.
Aber weniger als ich wollte er ihre juristische Seite gelten
lassen, — daß sie die ewigen Fundamente des Rechts und
des Staats, namentlich aller Obrigkeit sind. Wenn ich nun
seine Philosophie bewunderte, so scherzte er zuweilen in seiner
liebenswürdig = bescheidenen Weise: es gehe ihm übel, die
Juristen ließen ihn als Philosophen gelten und die Philoso=
phen als Juristen. Ich maße mir keine philosophische Be=
urtheilung Stahl's an; aber wie er Christ war als
Philosoph, daran möchte ich Sie erinnern.

Den Rationalismus und Pantheismus sah Stahl in
der Philosophie sich gegenüber, wie diese sich entwickelt hatte
von Cartesius an durch Leibnitz, Wolf, Kant,

Fichte, Hegel bis auf Schelling, — den Schelling
anterior, denn der posterior ist wohl nie recht enthüllt worden, — und von Spinoza bis Schleiermacher. Nur
vom Menschen, dem einzigen abstracten Pünktlein, ausgehend
— cogito ergo sum — konnte man Gott nicht finden, weder
aus hypothetisch an die Spitze des Alls gestellten Principien, noch aus dem abstracten Sein und Nichtsein, noch aus
den Denkformen, noch aus dem Abhängigkeitsgefühl. „Siehe",
sagt Jesaias, „alle Heiden (Menschen) sind geachtet wie ein
Tropfen, der im Eimer bleibt, — sie sind vor Ihm nichts
und wie ein Eitles geachtet." Nicht uns selbst, sondern den
lebendigen Gott sollen wir tragen, „der nicht ferne ist von
einem Jeglichen unter uns; denn wir sind Seines Geschlechts,
in Ihm leben, weben und sind wir und Er hat uns gesetzt,
daß wir Ihn suchen sollen", — so lehrt St. Paulus. Er
läßt sich gern erbitten, Jedem Weisheit zu geben einfältig-
lich. Immer wieder liefen in der Praxis die Systeme der
Philosophie aus in dürren Rationalismus oder in wüsten
Pantheismus. Dem entgegen bekannte Stahl's Philosophie den persönlichen Gott in der unendlichen Fülle und
dem unendlichen Reichthume Seines Wesens und Seiner
Thaten. Persönlichkeit erst Gottes, dann des Menschen,
als des Ebenbildes Gottes, und als Inhalt dieser Persönlichkeit nicht eine bloße Summe abstracter Eigenschaften, sondern schöpferische Freiheit, That, geschichtliche
That, — im Gegensatz zu bloß nothwendiger Consequenz,
das ist der lebendige Quell, aus dem Stahl als Philosoph
schöpfte, den er aber nicht ausschöpfte, sondern aus dem er
schöpfte, um fortzuschöpfen in Ewigkeit. Die Signatur seiner

Philosophie war das schöne Wort: „Die Wissenschaft
muß wie Christopherus den mächtigsten Herrn
suchen, um Ihm zu dienen." Daher war ihm auch
die einzige Form wirklich realer Erkenntniß: „Anschauung"
— Anschauung dessen, was nicht weiter bewiesen werden
kann, weil es alles Beweises beweisender Anfang ist, —
Anschauung, hier als Glauben, in einem „Spiegel", wie
St. Paulus sagt, behaftet mit Dunkelheit, aber doch An=
schauung, selbst so ursprünglich, daß sie nicht mehr definirbar
ist und dem Wesen nach identisch mit dem ewigen Schauen
Gottes. Die übrig bleibenden Schwierigkeiten und. Dunkel=
heiten waren ihm nothwendige Folgen „der realen Entfer=
nung des Menschen aus Gott". „Die reines Herzens
sind, werden Gott schauen", sagt die Bergpredigt. Wir sind
unreinen Herzens, darum schauen wir Gott nicht.

Mein Eindruck von Stahl's Philosophie ist, daß sie
selbst erst That, Glaubensthat, und dann erst Forschung und
Erkenntniß ist. Die Philosophie der That, der Freiheit der
Persönlichkeit ist sie im Gegensatz zu allen Philosophemen,
die bloß in gesetzmäßigen Entwickelungen, Entfaltungen, Con=
sequenzen aus einer Regel, einem Lehrsatze, einer Denkform,
einem Menschen=Ich bestehen, und nie den Bann urper=
sönlicher Nothwendigkeit abzuschütteln vermögen. Als die
„subjective Triebfeder" dieser Philosopheme bezeichnet Stahl
das Bestreben des Menschen, „in seiner Isolirung Mittel=
punkt der Schöpfung zu sein", indem er diese Triebfeder sei=
nen. Gegnern in ihr Gewissen schiebt.

Mit diesem Glauben des Philosophen Stahl
an Freiheit, schöpferische That und Persönlichkeit hängt seine

eigene Freiheit von allem dürren philosophischen Jargon zusammen, bei dem es einem ist, als ob man Häcksel äße. Die heilige Schrift enthält die tiefsten göttlichen Geheimnisse in einer Sprache, welche dem Dorfkinde und der alten Spittelfrau zugänglich ist, während kein gelehrter Forscher sie ausschöpft.

„Es ist endlich Zeit", — so sagte er schon 1829 in der Vorrede zu seiner „Philosophie des Rechts", — „daß die Wissenschaft gleich ihrer Schwester, der Kunst, an den Tag öffentlicher Verständlichkeit heraustrete. Zwar bedarf der neue Begriff des neuen Wortes, und wer nie mit einer Aufgabe sich beschäftigt hat, darf nicht erwarten, daß ihm die Begriffe, die sie angehen, gleich faßlich sein sollten. Allein jener unbewegliche Gebrauch der Worte, der überdies nicht bloß auf einzelne neue Bezeichnungen sich beschränkt, sondern alle bestehenden unter sich zieht und so die lebendige Sprache in eine stereotype Masse umwandelt, — dieser Charakter der Terminologie ist nur das Erzeugniß der Einseitigkeit und Starrheit der Philosophie selbst. Das Wort soll der lebendige Leib des Sinnes sein, frei und unbeweglich, dem Geiste selbst ähnlich. Mancher Philosophie könnte es freilich begegnen, daß, wenn das Kleid der Worte hinweggenommen wird, siehe da! kein Körper zu finden ist, den es umhüllt hätte!

Ich schließe diese Laien-Betrachtungen über Stahl als Philosophen mit einigen wörtlichen Proben aus seinen Schriften und wünsche damit den Grundriß des Gebäudes einigermaßen anschaulich zu machen, möchte aber nicht jenem Verkäufer eines Hauses gleichen, der einen Ziegelstein aus dem Hause als Probe vorzeigte.

„Die Philosophie" — sagt Stahl — „muß mit dem obersten Princip der Dinge, dem „Absoluten", beginnen. Sie muß sich daher über den Gegensatz entscheiden, der unserer Zeit zum deutlichen Bewußtsein gekommen ist, ob dies oberste Princip der persönliche, überweltliche, offenbarungsfähige Gott sei oder aber eine unpersönliche der Welt selbst innewohnende Macht — Pantheismus."

„Man giebt vor, die wissenschaftliche Untersuchung nöthige zum Pantheismus und nur aus Herzensbedürfniß verschlössen wir uns dagegen. Es ist aber gerade das Umgekehrte der Fall. Läßt sich auch der Gott, den die Religion glaubt, nicht mathematisch beweisen, so zeugt doch die wissenschaftliche Untersuchung entschieden gegen die pantheistische Annahme, und man hält sich zu derselben nur aus dem Trieb des Herzens kraft einer tiefen Versuchung, mit der das Zeitalter behaftet ist, ähnlich wie die alte Welt der polytheistischen Versuchung und das Mittelalter der Versuchung der falschen Askese verfallen war."

Er meint die schwere Versuchung, einerseits der Hoffart: den Menschen zum Mittelpunkt des Alls zu machen, andererseits der Augen- und Fleischeslust, die niederknieet vor der Uebermacht der vergänglichen Welt, als wäre sie ewig.

„Persönlichkeit," heißt es an einer anderen Stelle, „ist Fülle des Seins, Subject der mannichfaltigsten Kräfte und Eigenschaften, Selbstbewußtsein, Wille, Verstand, Macht, oder, wie wir die göttlichen Eigenschaften bezeichnen: Allwissenheit, Allmacht, Gerechtigkeit, Heiligkeit, Liebe, Seligkeit, Ewigkeit u. s. w., alle in Wechselverbindung und Wechselwirkung als Eine Totalität, so daß, wenn eine wirkt, alle mitwirken — wie die christliche Dogmatik zu allen Zeiten gelehrt hat. — Die Welt aber ist nicht lediglich aus den sittlichen Eigenschaften Gottes hervorgegangen, sondern aus seinem schöpferischen Geiste, so wie das Leben des Menschen nicht bloß Ausfluß sittlicher Nöthigung ist, sondern auch freier gestaltender Kraft. — Die Persönlichkeit Gottes vorausgesetzt, ist das Wunder grade seine natürliche Wirkungsweise, und es ist unnatürlich (bloß Folge menschlicher Schuld), daß Gott seine unmittelbare persönliche That zurückzieht oder verbirgt, daß er die gegebene Natur in ihrer Mannichfaltigkeit bloß nach ihren eigenen Kräften gewähren läßt. — Alles Erkennen ist Anschauung, sinnliche oder geistige, — nicht Auflösen des realen Objects in Denkbestimmungen. Diese treffen gerade die Sache selbst nicht. Wenn nach Hegel das Feuer nichts Anderes ist, als die „für sich seiende Unruhe der Individualität", so erhält man mancherlei, was vom Feuer gesagt werden kann, nur nicht das Feuer selbst."

Ich schließe diese Mittheilungen mit einem Ausspruche Stahl's über sich selbst:

„Ich spreche hier" — sagt er nach einer Erörterung über die schöpferische Freiheit Gottes — „von göttlichen Dingen nach menschlicher Weise; aber ich bin mir auch bewußt, daß ich nicht der Sache adäquat, sondern nur annähernd spreche. Die annähernde Einsicht in das Wesen der göttlichen Schöpfung, die uns vergönnt ist, können wir nirgends anders hernehmen, als aus der Anschauung der Schöpfungen des menschlichen" (als Ebenbild des göttlichen) „Geistes".

Von diesem Standpunkte aus hat Stahl in besonders lichtvoller Weise das Wesen der Sühne erläutert, und trefflich eingeführt in dieses, unserm atomistischen Denken so schwer zugängliche tiefe Geheimniß unseres allerheiligsten Glaubens." —

In Betreff der nicht schon erwähnten wissenschaftlichen Leistungen Stahl's müssen wir uns hier ganz kurz fassen. Bereits 1827 verfaßte Stahl zu München eine umfassendere Schrift über das römische Klagenrecht. Die größte Bedeutung nächst seiner Rechtsphilosophie darf indeß „die Kirchenverfassung nach Lehre und Recht der Protestanten" beanspruchen, welche 1840 zu Erlangen erschien und von welcher die zweite Auflage (Stahl's letzte Arbeit) vor Kurzem erschienen ist. Das Werk hat die Wiederherstellung der alten protestantischen Verfassungslehre zum Ziele, jedoch gemildert im Geiste Spener's und berichtigt, tiefer begründet und systematischer aufgefaßt mit Berücksichtigung der inzwischen erfolgten wissenschaftlichen Leistungen auf diesem Gebiete. Der Mittelpunkt der ganzen Kirchenverfassung ist nach Stahl's Auffassung der Lehrstand, den er als Träger und Repräsentanten des kirchlichen Bewußtseins zum lehrbestimmenden Organe macht, während ihm gegenüber der Landesherr nur das Recht der formalen Sanction, die Gemeinde nur das Recht der Aneignung haben soll. Wenn dieses Werk auch, wie seine Gegner ihm vorwerfen, was wir indeß keineswegs unbedingt zugeben können, das von der Reformation aufgestellte „geistliche Laienthum" verläugnen sollte, so beruht doch seine große Bedeutung darin, daß es eine Reihe wichtiger Vorschläge enthält, um die von allen Seiten aner-

kannten schweren Gebrechen der gegenwärtigen protestantischen
Kirchenverfassung zu heilen. Dasselbe hat nicht nur wesentlich dazu beigetragen, daß diese Gebrechen als solche in den
maßgebenden Kreisen anerkannt worden sind, sondern es sind
auch nach Stahl's Vorschlägen bereits mehrfache Versuche,
namentlich auch bei uns Preußen, mit Erfolg gemacht worden, um die Selbstständigkeit der protestantischen Kirche zu
heben. — Das dritte größere Werk Stahl's erschien 1857
unter dem Titel: Die lutherische Kirche und die
Union. Dasselbe bezeichnet einen erheblichen Fortschritt in
den kirchlichen Auffassungen Stahl's. Während er bis dahin in seinen Auffassungen über die Union etwas geschwankt
hatte, ergreift er jetzt gegen dieselbe mit Entschiedenheit Partei
und stellt auch die unkirchlichen Auffassungen, welche der nahe
verwandten „Evangelical alliance" zu Grunde liegen,
in ein klares Licht. Die übrigen wichtigeren Schriften Stahl's
sind folgende: 1) Das monarchische Princip. 2) Die bereits
erwähnte Schrift: „Die Revolution und die constitutionelle
Monarchie". 3) Ueber die Kirchenzucht (ein in der Pastoral-
Conferenz gehaltener Vortrag). 4) Der Protestantismus als
politisches Princip. 5) Die Schrift „Wider Bunsen". 6) Ueber
Toleranz (Vortrag im evangelischen Verein). 7) Vortrag
über Friedrich Wilhelm III. (Rectoratsrede). 8) Vortrag über
Friedrich Wilhelm IV. (im evangelischen Verein gehalten).
9) Ueber Budget (Separatabdruck aus Wagener's Staats-
Lexikon).

Neben diesen bedeutenden Leistungen als Staatsmann,
Gelehrter und Universitätslehrer versah Stahl noch ander-
weitige wichtige Geschäfte. Im Jahre 1846 wurde er von

der juristischen Facultät der Universität Berlin zum Mitgliede
der damaligen Generalsynode erwählt und in Folge seiner
Betheiligung an derselben wurde er zum Mitgliede des 1848
errichteten Ober-Consistoriums ernannt. Dieses hatte indeß
im November 1848 kaum seine Eröffnungsfeier gehalten, als
auch seine Auflösung wiederum erfolgte. Bei der Errichtung
des Ober-Kirchenraths im Jahre 1852 wurde Stahl
zum Mitgliede desselben und zum Ober-Consistorialrath ernannt. Im Juli 1857 kam Stahl wegen erheblicher Mei-
nungsverschiedenheiten um Entlassung aus diesem Collegium
ein und nahm auch unter stillschweigender Genehmigung Sr.
Maj. des hochseligen Königs seitdem nicht mehr Antheil an
den Geschäften, bis er 1859 von Sr. K. H. dem damaligen
Prinz-Regenten auf sein erneutes Gesuch seine Entlassung in
Gnaden erhielt. Von der Berliner Pastoral-Conferenz war
Stahl seit 1848 das Präsidium und von dem evangelischen
Kirchentage das Vice-Präsidium übertragen worden, ebenso
war er seit der 1855 erfolgten Wiederherstellung des Staatsraths Mitglied desselben. Aus diesem reichen und bedeutenden Leben wurde Stahl am 10. August v. J. zu Bad
Brückenau durch einen plötzlichen Tod gerissen. Noch am
Morgen des Tages hatte er in leidlichem Wohlsein ein Bad
genommen, unmittelbar nach dem Frühstück überfiel ihn indeß
ein heftiges Erbrechen, welches auf ein seit längerer Zeit
still getragenes, ihm selbst anscheinend verborgenes bedenkliches
Leiden hinwies. Alle angewandten Mittel waren vergebens,
und bereits am Abend verschied Stahl bei klarem Bewußtsein. „Der Todeskampf war nicht lang", so wurde damals
der Neuen Preuß. Zeitung von Brückenau geschrieben, „son-

dern sanft entschlief aus dem zarten Leibe die starke Seele durch Gottes Barmherzigkeit zum unvergänglichen Lohne, wie wir festiglich glauben."

Sollen wir jetzt noch einen Blick auf das Privatleben des Mannes werfen, dessen glänzenden öffentlichen Tugenden wir in den vorangehenden Zeilen ein Denkmal zu setzen versucht haben, sollen wir Erwähnung thun seiner wahren und aufrichtigen Frömmigkeit, seiner Treue in allen Verhältnissen, seines überaus glücklichen Familienlebens an der Seite seiner trefflichen Gattin, mit welcher er sich 1835 zu Erlangen vermählt hatte, und welche in allen Leiden und Freuden des Lebens treu ihm zur Seite stand, und endlich seiner ächt christlichen Barmherzigkeit und Liebe gegen Nothleidende aller Art? Wir würden nicht im Sinne S t a h l's handeln, seiner bescheidenen und geräuschlosen Art zu wirken und Gutes zu thun, wenn wir diese und andere seiner Tugenden aus der stillen Verborgenheit, in welcher er sie zu üben liebte, hervorziehen wollten. Aber erwähnen müssen wir noch seines geistig in hohem Grade anregenden Verkehrs mit jüngern, wissenschaftlich strebsamen Männern, der wohlwollenden Theilnahme, mit welcher er durch Rath und That in allen ihren Verhältnissen ihnen zur Seite stand. Und auch hier bewährte sich S t a h l's geräuschlose Weise, zu helfen und beizustehen; er that in der Regel weit mehr, als er versprochen und als der, welcher seinen Beistand, seine Verwendung nachsuchte, irgend erwartet hatte. Es war ein großes und edles Wohlwollen in dem Manne, und dabei eine wahrhaft großartige Uneigennützigkeit. S t a h l, obwohl nicht vermögend, verwaltete drei Ehrenämter, als Mitglied

des Herrenhauses, des Staatsraths und des Ober=Kirchen=
raths und nur als Professor an der Universität bezog er ein
sehr mäßiges Gehalt. Es würde ihm ein Leichtes gewesen
sein, bei seinem großen Einfluß unter dem Ministerium Man=
teuffel, diese weder seinen Talenten noch seinen Leistungen
irgendwie entsprechende äußere Stellung in angemessener Weise
zu verbessern, aber daran dachte S t a h l nicht. Seine per=
sönlichen Interessen kamen für ihn überhaupt niemals in
Frage. Deßhalb dachte er auch nicht daran, sich und seinen
politischen Freunden zur Macht zu verhelfen; er strebte für
seine Person nicht nach äußerm Glanze, und es widerstrebte
seinem monarchischen Sinne, den König in der Wahl seiner
Minister direct oder indirect irgendwie beeinflussen zu wollen.
In dem zarten, fast schwächlichen Körper S t a h l's wohnte
neben einem gewaltigen Geiste ein großer und reiner Cha=
rakter, an welchem selbst seine Gegner niemals einen Flecken
haben auffinden können; seine geistigen und sittlichen Eigen=
schaften räumen ihm unter den großen Männern der Welt=
geschichte eine hervorragende Stelle ein. Vielleicht hat es
größere Staatsmänner, größere Juristen, größere Philosophen
gegeben; aber eine solche glückliche Vereinigung und Mischung
von großen Talenten und Kenntnissen als Staatsmann,
Rechtsgelehrter und Philosoph, wie sie bei S t a h l sich fand,
ist wohl noch nicht vorgekommen und wird so leicht nicht
wieder vorkommen. S t a h l gewann dadurch und ·durch die
große Gabe seiner Beredtsamkeit die geistige Ueberlegenheit,
welche ihn in allen seinen Kämpfen, sei es auf politi=
schem, sei es auf wissenschaftlichem Gebiete, so glänzend aus=
zeichnete.

Flassan erzählt in seiner Histoire de la diplomatie française, daß Richelieu auf dem Sterbebette folgende Worte an seinen König gerichtet habe: „Sire, voilà le dernier adieu; en prenant congé de votre Majesté, j'ai la consolation de laisser le royaume au plus haut dégré de gloire et de réputation, où il ait jamais été, et tous vos ennemis abattus et humiliés!" Und mit Recht durfte der berühmte Staats- mann den Ruhm und die Macht Frankreichs als sein eigen- stes Werk in Anspruch nehmen. Aber dieses Werk war nach außen und nach innen hin auf Verrath und Rechtsbruch gegründet worden, und der Staat Richelieu's trug alles scheinbaren Glanzes ungeachtet daher von Hause aus den Todeskeim in sich.

Wie sah es mit Preußen aus, als Stahl im August v. J. von dem Schauplatze seiner vieljährigen politischen Wirksamkeit abberufen wurde? Stahl und seine politischen Freunde konnten allerdings nicht behaupten, daß sie die Macht und den Ruhm des preußischen Staates, dieser Schöpfung seiner Fürsten und einer langen und glorreichen Geschichte, gegründet hatten; aber sie durften den Ruhm in Anspruch nehmen, daß dieser Staat noch vor wenigen Jah- ren von ihnen aus den Armen der Revolution gerettet wor- den war. Und die Vorzeichen einer neuen Revolution mahn- ten jetzt wiederum die Mächtigen zur Vorsicht, und es ge- wann den Anschein, als wenn ein Theil der Güter, welche Stahl und seine politischen Freunde vor Kurzem erst müh- sam der Revolution entrissen hatten, derselben wieder geopfert werden sollten. Als Stahl verschied, war der Staat von äußeren und inneren Feinden bedroht, und die von ihm ge-

führte Partei von der wieder das Haupt erhebenden Revo=
lution geschmäht und verfolgt, ohne vor der Hand irgendwo
eine äußere Stütze zu finden. Aber Stahl und seine Partei
hatten den preußischen Staat auf den sicheren Grundlagen
des Christenthums und des Rechts, welche der französische
Staatsmann bei seiner Schöpfung zu Boden getreten hatte,
wieder aufgerichtet, und deßhalb ist auch in diesem Augen=
blick noch ein Blick in die Zukunft voll Hoffnung und Ver=
trauen gerechtfertigt. Wenn auch der Führer und Meister
bei neuen Kämpfen fehlt, so ist doch das geistige Rüstzeug
seiner Lehre und seiner Grundsätze geblieben, insonderheit die
Fahne, geziert mit dem Wahlspruche: „Autorität, nicht
Majorität“, unter welcher Stahl seine Siege wider die
Revolution erfochten hat. Dieselbe wird auch ferner von
gesinnungsverwandten Führern der großen Partei, welche
immer noch in Preußen für christlichen Glauben, Königthum
und Recht einsteht, mit Gottes Hülfe zu neuen Siegen voran=
getragen werden.

Druck von F. Heinicke in Berlin, Dessauerstraße 5.